100 UNGLAUBLICHE FAKTEN FÜR NEUGIERIGE KINDER

Eine Sammlung verblüffender Kuriositäten, die du unbedingt kennen solltest

Brice Brant

Special Art

100 unglaubliche Fakten für neugierige Kinder

Eine Sammlung verblüffender Kuriositäten,
die du unbedingt kennen solltest

Brice Brant

Taschenbuch ISBN: 979-12-5553-042-8
support@specialartbooks.com
www.specialartbooks.com

Inhaltsverzeichnis

"Je mehr du liest, desto mehr Dinge wirst du wissen, und je mehr du lernst, desto mehr Orte wirst du besuchen."

– Dr. Seuss

Du kennst vielleicht den Spruch "Wissen ist Macht". Das stimmt zwar, aber wusstest du auch, dass Wissen Spaß machen kann? Das ist wahr! Die Welt ist voller interessanter Dinge, die wir lernen können! Schaust du manchmal in den Himmel und fragst dich, warum er blau ist? Oder möchtest du wissen, woraus Wolken bestehen? Weißt du, dass Schlangen mit offenen Augen schlafen? Und wusstest du, dass die Zunge eines Chamäleons so lang ist wie sein Körper? Dieses Buch steckt voller spaßiger Fakten wie diesen! Nachdem du dieses Buch gelesen hast, wirst du Experte für alles Seltsame, Verrückte und Wunderbare! Möchtest du deine Familie und Freunde mit jedem coolen neuen Fakt, den du gelernt hast, beeindrucken? Du wirst jedem interessante Dinge über Tiere, Wissenschaft, Geschichte und sogar den menschlichen Körper erzählen können. Es gibt kein Ende, was du alles lernen kannst!

Zuerst werden wir über Tiere sprechen. Wusstest du, dass der Eisbär gar nicht weiß ist? Tatsächlich ist er farblos. Und wusstest du, dass die Augen eines Straußes größer sind als sein Gehirn? Einige Fakten, die du lernen wirst, sind eklig, andere sind cool, und einige davon sind sogar nützlich in der Schule! Du kannst deiner ganzen Klasse erzählen, was du gelernt hast, oder sogar dem Lehrer etwas sagen, das er oder sie vielleicht noch nicht weiß. Als Nächstes wirst du etwas über Wissenschaft und Technologie, über Planeten und den Weltraum und darüber, wie die Welt funktioniert, lernen. Mit diesem neuen Wissen kannst du deine Freunde leicht verblüffen. Du wirst sogar etwas über Geschichte und das erfahren, was in der Vergangenheit passiert ist. Und behalte nicht alle diese spaßigen Fakten für dich! Stelle sicher, dass du teilst, was du gelernt hast, damit deine Familie, Lehrer und Freunde genauso viele interessante und spaßige Fakten wissen wie du. Bist du bereit, etwas zu lesen, das das Lernen neuer Dinge angenehm und unterhaltsam macht? Ich hoffe es. Dein Gehirn wird so viel Wissen aufnehmen, dass es vielleicht sogar zu groß für deinen Kopf wird! Mach dich bereit zu lernen!

Das Tierreich

1. Gorillas rülpsen, wenn sie glücklich sind.

Wusstest du, dass Gorillas rülpsen können? In einigen Ländern mag das Rülpsen als unhöflich gelten, aber das gilt nicht für unsere Dschungelfreunde! Für Gorillas ist das Rülpsen ein Zeichen von Glück. Wenn ein Gorilla glücklich ist, wird er ein leises Grollen aus seinem Magen und seiner Brust vernehmen lassen. Dies kann nach einer Mahlzeit, am Ende eines langen Tages oder sogar, wenn sie sich mit ihren Familien entspannen, passieren. Sie tun dies, weil sie zufrieden sind, was bedeutet, dass sie zufrieden und bequem sind. Wenn du also jemals in den Zoo gehst und einen pelzigen Freund rülpsen hörst, weißt du, dass das ein glücklicher Gorilla ist!

2. Seesterne haben kein Gehirn oder Blut und sind nicht einmal Fische.

Damit ein Tier als Fisch gilt, muss es Kiemen, Schuppen oder Flossen haben. Diese Standards sind ziemlich hoch, oder? Immerhin haben einige Lebewesen im Wasser keine dieser Merkmale, wie unser Freund der Seestern! Wusstest du, dass Seesterne nicht zur Fischart gehören? Obwohl sie wie Fische schwimmen und im Wasser leben, ist ihre Anatomie - das bedeutet, wie ihre Körper funktionieren - sehr unterschiedlich! Ein Seestern hat weder Blut noch Gehirn und verwendet stattdessen Meerwasser, um Nährstoffe durch seinen Körper zu pumpen. Aber denk nicht, dass sie dumm sind, nur weil sie kein Gehirn haben! Der Seestern ist eine erstaunliche, einzigartige Kreatur, die Wissenschaftler seit Jahren fasziniert!

3. Hirschen wachsen jedes Jahr neue Geweihe.

Es mag nicht wahr erscheinen, aber ein Hirschgeweih kann tatsächlich recht brüchig

sein. Das ist überraschend, denn Hirschgeweihe wirken so stark! Im Frühling beginnen jedoch ihre Geweihe abzustoßen und auseinanderzufallen, ähnlich wie das Abschuppen, das viele andere Tiere, wie Schlangen, Hunde oder Katzen, tun. Der Abschuppungsprozess dauert etwa zwei Wochen, und dann fangen die Geweihe schnell wieder an zu wachsen. Tatsächlich sind Geweihe die am schnellsten wachsenden Knochen, die dem Menschen bekannt sind. Nächstes Mal, wenn du einen Wald besuchst, suche nach abgefallenen Geweihen. Vielleicht findest du ein Souvenir!

4. Ein Grizzlybär kann so fest zubeißen, dass er eine Bowlingkugel zerquetschen kann.

Nein - Bowlingkugeln sind eigentlich kein fester Bestandteil der üblichen Ernährung eines Grizzlybären. Sie schmecken wahrscheinlich auch nicht besonders gut, oder? Soweit ich weiß, hat noch niemand Bowlingkugeln zum Frühstück gegessen. Aber sagen wir einfach, wenn ein Grizzlybär eine Bowlingkugel essen wollte, könnte er das definitiv

tun. Es würde etwa 800 Pfund Kraft erfordern, um eine Bowlingkugel zu zerquetschen, und ein Grizzlybär könnte das in einem Bissen schaffen! Bleib von diesen Zähnen fern! Wahrscheinlich putzen sie sie auch nicht mit Zahnpasta.

5. Katzen miauen nur bei Menschen.

Ein Kätzchen mag bei seiner Mutter miauen, um ihre Aufmerksamkeit zu erregen, aber dieses Verhalten legen sie ab, sobald sie erwachsen sind. Erwachsene Katzen kommunizieren tatsächlich nicht durch Miauen mit anderen Katzen, sondern die Kommunikation unter Katzen erfolgt durch Körpersprache und Geruch, nicht durch Klang. Wenn sie jedoch mit Menschen kommunizieren, ist es ganz anders. Wenn eine Katze miaut, ist es, als würde sie eine zweite Sprache sprechen, die nur für dich gemacht ist! Manche Wissenschaftler meinen sogar, dass Katzen auf bestimmte Weisen miauen, um ihre Besitzer zu manipulieren. Zum Beispiel könnte deine Katze hungrig sein, also miauen sie traurig, um deine Aufmerksamkeit zu erregen. Oder deine Katze

möchte einen Leckerbissen, also miauen sie niedlich, um dich zu überzeugen, ihnen einen zu geben. Katzen wissen auf jeden Fall, wie sie uns überlisten können! Beim nächsten Mal, wenn eine Katze dich anmiaut, versuche herauszufinden, was sie sagt! Du könntest ein gutes Gespräch führen.

6. Hunde sehen nicht nur schwarz-weiß.

Hast du das Gerücht gehört, dass Hunde nur in schwarz-weiß sehen können? Viele Menschen denken das, aber Wissenschaftler haben diese Theorie widerlegt. Die Wahrheit ist, dass Hunde die Farben Rot oder Grün nicht wahrnehmen können, aber sie können Gelb, Weiß, Blau und Braun sehen. Also, wenn du ein rotes Hemd trägst, sieht es für deinen Hund einfach braun aus - übrigens, frag niemals einen Hund nach Modetipps. Sie sehen diese spezifischen Farben nur, weil die Anatomie ihrer Augen sich von der unseren unterscheidet. Das nennt man dichromatische Sicht. Ihre Sehkraft ist normalerweise ein wenig verschwommen, und die Farben sind bei weitem nicht so lebhaft wie für uns.

Zum Beispiel würde ein hellroter Papagei für deinen Hund nur bräunlich-grün aussehen. Das gibt ihnen eine einzigartige Perspektive auf die Welt!

7. Hühner sind die nächsten lebenden Verwandten des T-Rex.

Filme haben uns ein falsches Bild von T-Rexen vermittelt. Man denkt, sie seien weit entfernt von den grünen, schuppigen, echsenartigen Bestien, die wir auf der Leinwand sehen. Tatsächlich standen sie Hühnern viel näher! Wissenschaftler wissen das, weil sie einmal einen T-Rex-Fossilienfund mit intaktem Weichgewebe gemacht haben. Sie führten DNA-Tests an diesem Gewebe durch und fanden heraus, dass der nächste lebende Verwandte des T-Rex... das Huhn war. Man glaubt, dass der T-Rex die gleichen Füße, den gleichen Hals und sogar ähnliche Federn hatte. Kannst du dir vorstellen, wie ein riesiges Huhn herumlief und die Bevölkerung terrorisierte? Das war der T-Rex. Hm, es ist jetzt schwer, Jurassic Park auf die gleiche Weise zu sehen.

8. Einige Vögel können menschliche Gesichter erkennen.

Wärst du gerne mit einem Vogel befreundet? Wissenschaftler haben bewiesen, dass es möglich ist, da Vögel spezifische Merkmale in Menschen erkennen können, wie ihre Gesichtsform oder Körpertyp. Eine Studie zeigt, dass Tauben zwischen etwas Unbekanntem und Vertrautem unterscheiden können und dann das Vertraute bevorzugen. Elstern, Krähen und Spottdrosseln haben ebenfalls diese Fähigkeit nachgewiesen. Vögel sind super schlau! Einige Vögel können sogar Menschen Geschenke machen, was offensichtlich zeigt, dass sie diesen Menschen als Freund betrachten. Es gibt also klare Vorteile darin, mit einer Krähe oder Dohle Freundschaft zu schließen. Warum probierst du es nicht aus?

9. Schlangen schlafen mit offenen Augen.

Wie kann man mit offenen Augen schlafen? Das klingt unmöglich, oder? Aber es stimmt, Schlangen schlafen mit offenen Augen. Sie bekommen

nicht gerade so viel Schlaf wie wir, weil sie ihre Augen nicht wirklich schließen können! Schlangen haben keine Augenlider, sondern eine dünne Schicht Schuppen über ihren Augen, die sie schützt. Auch ihre Sehkraft ist schlecht. Stell dir vor, du würdest ständig fernsehen, aber auf einem verschwommenen, statischen Bildschirm, denn das ist es, was Schlangen die ganze Zeit sehen. Vielleicht sollten sie sich eine Brille besorgen.

10. Bestimmte Insekten können pupsen.

Die Champions des Pupsens unter den Insekten sind zufällig Termiten. Und ja, sie haben sehr winzige Hinterteile. Wie Menschen können Insekten Gas durch ihren Darm ablassen und aus ihrem Hinterkopf entweichen lassen! In ihren Mägen gibt es Bakterien, die Nahrung in Gas umwandeln müssen, das in Form eines Furzes ausgestoßen werden muss. Leider ist es so gut wie unmöglich, jemals den Furz eines Insekts zu riechen, da das, was sie produzieren, so winzig ist. Aber vielleicht ist das auch gut so! Insekten produzieren ein Gas namens Methan, genauso wie Kühe und andere Weidetiere. Methan

wird für Treibstoff und Wärme verwendet und ist ein natürlicher Bestandteil der Erdatmosphäre. Also können wir uns bei diesen furzenden Insekten dafür bedanken, dass sie zu unserer Umwelt beitragen!

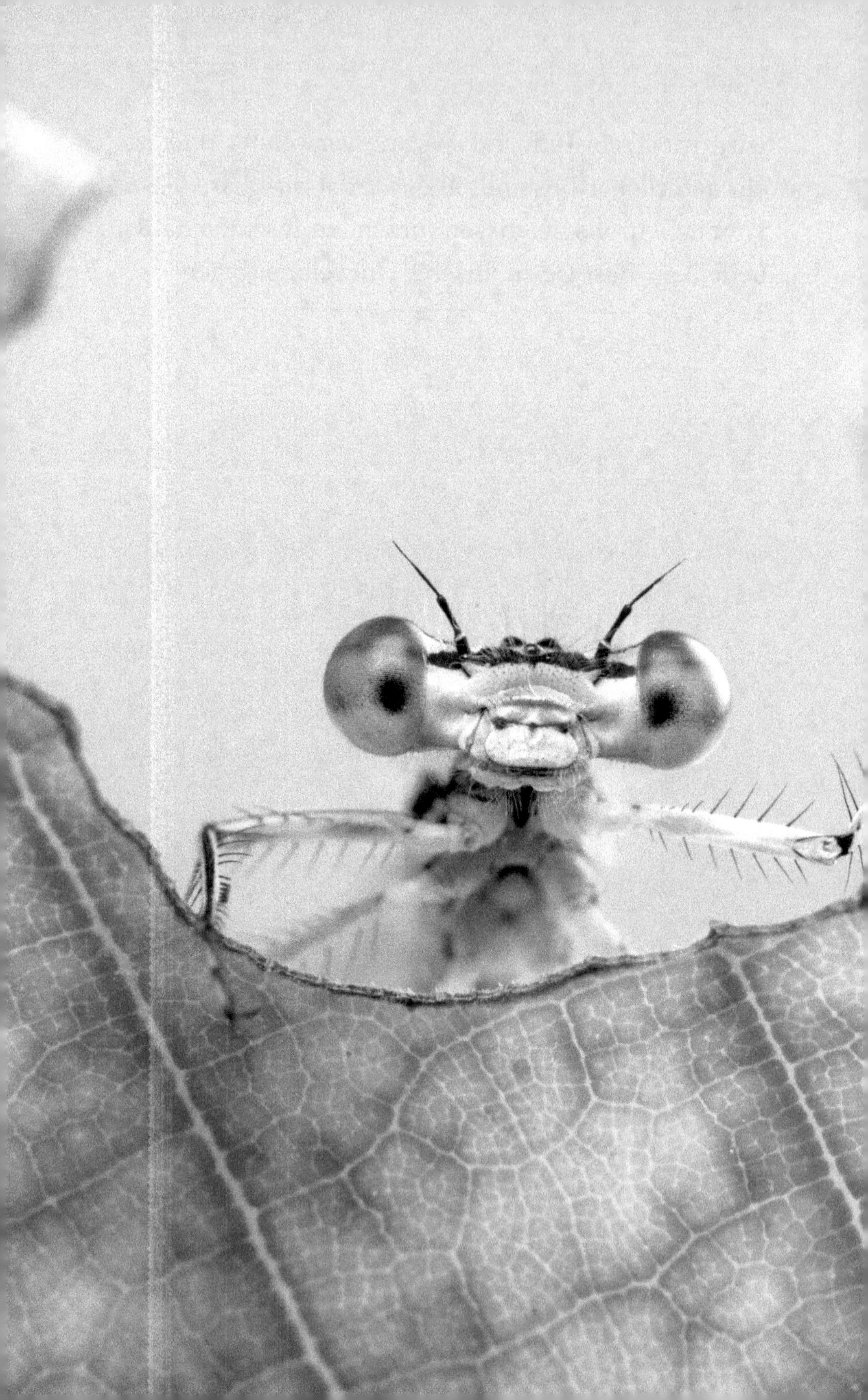

Natur und unsere Erde

1. Ein Blitz ist fünfmal heißer als die Sonne.

Wusstest du, dass es etwas gibt, das heißer ist als die Sonne? Ein Blitz hat eine Temperatur von etwa 29.744 Grad Celsius, und im Vergleich zur Oberflächentemperatur der Sonne von 5.700 Grad Celsius ist der Blitz viel heißer. Blitze können sogar Brände verursachen, wenn sie einschlagen! Sie sind so heiß, weil Luft ein schlechter Wärmeleiter ist, daher wird es sehr heiß, wenn Elektrizität hindurchgeht und diese Hitze als Blitz entweicht. Bleib also drinnen, wenn es ein Gewitter gibt, sonst könntest du einen Stromschlag bekommen!

2. Es gibt Regenbogen sogar in der Nacht.

Regenbogen sind einfach reflektiertes Sonnenlicht auf den Wasserpartikeln in der Luft. Deshalb erscheinen sie normalerweise nach einem Regen, weil die Sonne auf die übrig gebliebene Feuchtigkeit

in der Luft scheint. Aber wie kann es nachts einen Regenbogen geben, wenn es kein Sonnenlicht gibt? Seltsamerweise ist diese Tatsache völlig wahr! Es gibt dieses Phänomen namens Mondregenbogen, auch als Lunarer Regenbogen bekannt. Statt die Sonne, die das Licht über das Wasser streut, ist es das Licht, das von der Oberfläche des Mondes reflektiert wird und auf die Feuchtigkeit in der Luft trifft. Mondregenbogen sind viel heller und schwächer als ihre Tageszeit-Pendants, aber halte beim nächsten Mal, wenn es nachts regnerisch ist, die Augen offen! Du könntest etwas Erstaunliches sehen.

3. Du kannst Tannenzapfen verwenden, um das Wetter vorherzusagen.

Wusstest du, dass Tannenzapfen die Wetterfrösche der Natur sind? Unter ihrer schuppigen Oberfläche befinden sich leichte Samen, die je nach Wetterlage reisen. Wenn die Luft trocken ist, öffnen sich die Schuppen, um die Samen freizugeben. Und wenn die Luft feucht ist, schließen sich die Schuppen, um die Samen zu behalten. Also, wenn du einen Tannenzapfen mit geöffneten

Schuppen siehst, weißt du, dass es an diesem Tag nicht regnen wird! Aber wenn du einen Tannenzapfen mit fest geschlossenen Schuppen siehst, rechne mit Regen.

4. Wolken sehen weiß aus, weil sie das Sonnenlicht reflektieren.

Wusstest du, dass das Licht von der Sonne weiß ist? Wenn das Licht durch die Wassertropfen in der Wolke hindurchgeht, wird dieses weiße Licht durch deren Reflexionen am Himmel gestreut, wodurch die Wolken weiß erscheinen, obwohl sie tatsächlich durchsichtig sind.

5. Wassermelonen sind Beeren.

Wir alle lieben Obst, es ist süß und saftig, und Wassermelonen sind besonders ein wunderbarer Snack im Sommer. Wusstest du jedoch, dass diese Frucht falsch benannt ist? Die Wassermelone ist eigentlich überhaupt keine Melone, sondern eine

Beere. Beeren sind definiert als eine Art Frucht, die aus Blüten mit einzelnen Eierstöcken stammt, die die Fortpflanzungsorgane der Blume sind. Einige Früchte stammen von Blüten mit mehreren dieser Organe, wie Erdbeeren. Technisch gesehen ist die Erdbeere also keine Beere, während die Wassermelone eine ist! Diese Namen sind ziemlich verwirrend; es ist, als ob oben unten und rechts links wäre.

6. Einige Pflanzen sind Fleischfresser.

Karnivor zu sein bedeutet, dass du Fleisch isst. Normalerweise essen Pflanzen tatsächlich nichts. Stattdessen verwenden sie das Licht von der Sonne, um Wasser und Luft in Zucker umzuwandeln, der ihr Wachstum unterstützt. Aber einige Pflanzen naschen gerne, wie die Kobra-Pflanze oder die berühmte Venusfliegenfalle. Es gibt ungefähr 630 Arten von fleischfressenden Pflanzen, die dem Menschen bekannt sind. Einige der größeren fleischfressenden Pflanzen können Reptilien und kleine Säugetiere verdauen, während andere Fische und Insekten fressen. Diese Pflanzen verwenden viele verschiedene Methoden, um ihre Beute anzulocken,

wie süße Düfte oder leuchtende Farben. Also, beim nächsten Mal, wenn du eine Blume pflückst, stelle sicher, dass sie dich nicht zuerst frisst!

7. Eine Ananas brauchen zwei Jahre zum Wachsen.

Ananas werden tatsächlich aus etwa 200 Blüten produziert, sodass jedes kleine Stück der Ananas einmal eine Blume war. Und allein dieser Prozess kann mindestens sechs Monate dauern. Die Ananas-Pflanze selbst trägt nur eine einzige Frucht und benötigt zwei bis drei Jahre, um zu wachsen, bevor sie abstirbt! Das bedeutet, dass du für eine Ananas wirklich geduldig sein musst! Glaubst du, du könntest so lange auf Obst warten?

8. Die einzige Frucht mit außenliegenden Samen ist die Erdbeeren.

Die winzigen Pünktchen, die du auf der Außenseite einer Erdbeere siehst, sind tatsächlich ihre Samen! Es wird angenommen, dass Erdbeeren sich

entwickelt haben, um ihre Samen auf der Außenseite ihrer Haut zu haben, damit sie leichter von Vögeln und anderen Tieren verbreitet werden können. Und wie wir vorher gelernt haben, sind Erdbeeren eigentlich keine Beeren, und das liegt daran, wie sie wachsen. Das ist so verwirrend! Aber immerhin schmecken sie lecker.

9. Die durchschnittliche Zeit, die Kunststoff zum Zerfallen benötigt, beträgt 450 Jahre. Glas benötigt 4.000 Jahre.

Kunststoffe bestehen aus etwas namens Polyethylenterephthalat – sag das drei Mal hintereinander – was die meisten Behälter und Flaschen nahezu unzerstörbar macht. Das ist zwar gut für Unfälle in der Küche, aber nicht so gut für die Umwelt. Aufgrund der Beschaffenheit von Kunststoffen wird all der Müll, den wir wegwerfen und der daraus besteht, etwa 450 Jahre benötigen, um im Boden zu verrotten. Bakterien im Boden verwandeln normalerweise Gegenstände im Boden in nützliche Nährstoffe für die Erde; leider mögen Bakterien den Geschmack von Kunststoff nicht, also

werden sie es ablehnen zu essen! Das Gleiche gilt für Glas, das etwa 4.000 Jahre benötigt, um im Boden zu verrotten. Recycling ist wirklich wichtig, damit wir die Erde nicht mit Abfall füllen!

10. 97% Prozent des Wassers auf der Erde ist Salzwasser und nicht trinkbar. 2% sind gefroren. Das lässt uns nur 1% verwendbares Süßwasser.

Man könnte denken, dass Wasser eine unendliche Ressource ist; jedoch sind nur 1% des Wassers auf der Erde trinkbar. Das liegt daran, dass der Großteil Salzwasser ist, was tatsächlich Dehydrierung verursacht! Moment mal, das ist verwirrend – Wasser, das Dehydrierung verursacht? Das stimmt! Unsere Nieren können nur Wasser verarbeiten, das nicht sehr salzig ist, und wenn du salziges Wasser trinkst, wie Ozean- oder Meerwasser, trinkst du eine Menge Salz, das deinen Körper verlassen muss. Du musst also mehr Wasser ausscheiden, als du getrunken hast, was dich noch durstiger macht und zu Dehydrierung führt. Quellen von Süßwasser sind Grundwasser, das Wasser, das innerhalb der Erde

entsteht; Oberflächenwasserabfluss, der aus Bächen, Flüssen und Seen stammt; und schließlich Schnee. Es ist interessant zu überlegen, wo dein Wasser herkommt! Aber denk daran, nur weil es weltweit nur 1% verfügbares Süßwasser gibt, bedeutet das nicht, dass du aufhören solltest, Wasser zu trinken. Trink immer ausreichend Wasser!

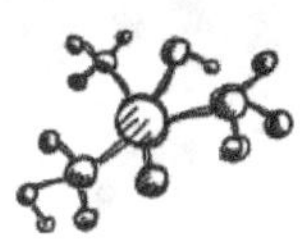

Lass uns wissenschaftlich werden

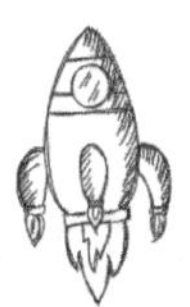

1. Wasser gefriert schneller, wenn es warm ist, nicht kalt.

Diese Tatsache klingt ziemlich seltsam, oder? Wie kann warmes Wasser schneller gefrieren als kaltes? Einige behaupten, dass dies ein Mythos ist, aber es handelt sich um etwas, das als der Mpemba-Effekt bezeichnet wird. Es gibt viele Variablen, die bestimmen, wann dies geschieht, was zu Debatten zwischen Wissenschaftlern geführt hat, aber dieses Phänomen wurde in mehreren Fällen in freier Wildbahn beobachtet. Probiere es selbst aus und sieh, was passiert!

2. Tomaten haben mehr Gene als Menschen.

Ein Gen ist der Träger von Informationen, der deine Eigenschaften bestimmt, wie blaue

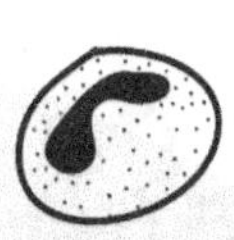

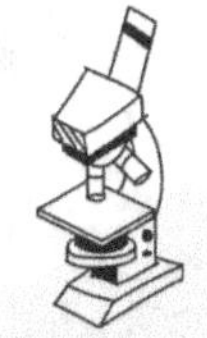
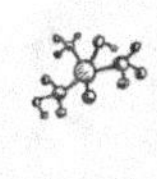

Augen oder braune Haare, die du von deinen Eltern geerbt hast. Überraschenderweise haben Tomaten tausende mehr Gene als Menschen, genauer gesagt 7.000 mehr. Tatsächlich ist das Genom der Tomate – der vollständige Satz von Genen oder genetischem Material, das in etwas oder jemandem vorhanden ist – dem einer Kartoffel näher. Tomaten klingen nach einer ziemlich komplizierten Frucht. Oder sind sie Gemüse? Was denkst du?

3. Du kannst ein Feuer entfachen, indem du furzt.

Furze sind einfach Luft, die unseren Speiseröhren und in das Verdauungssystem hinunterwandert und schließlich aus unserem Hintern herauskommt. Diese Luft ist mit Gasen gemischt, von denen einige brennbar sind. Diese brennbaren Gase sind Wasserstoff, Sauerstoff und Methan. Sie vermischen sich mit Sauerstoff, und wenn sie in der Nähe einer Flamme oder Hitze sind, können sie auch bei niedrigen Temperaturen leicht Feuer fangen. Allerdings bräuchtest du viele Furze, um eine Art

Flammenwerfer zu bauen, also komm nicht auf dumme Ideen.

4. Sauerstoff ist nicht farblos.

Sauerstoff kann tatsächlich viele verschiedene Farbtöne haben. Unter normalen Umständen siehst du ihn farblos. Wenn er jedoch eine andere Form annimmt, nimmt er auch verschiedene Farben an. Flüssiger Sauerstoff hat einen blassen blauen Farbton, weil er Licht im roten Spektrum absorbiert, was der Substanz die komplementäre Farbe von Rot verleiht: Blau.

5. Fernseher empfangen und zeigen dann Bilder an, die sich so schnell bewegen, dass sie für das menschliche Auge wie eine flüssige Bewegung erscheinen.

Fernsehen ist eine wunderbare Erfindung. Genießt du es nicht, nach einem langen Schultag deine Lieblingssendung anzusehen? Falls ja, hast du dich jemals gefragt, was deinen Fernseher zum Laufen

bringt? Es stellt sich heraus, dass ein Fernseher nur eine Box ist, die Bilder so schnell empfängt, dass sie sich flüssig zu bewegen scheinen. Zeichne einige Bilder auf verschiedenen Seiten in ein Notizbuch und blättere dann sehr schnell, während du das Bild ansiehst, und es wird anfangen, auszusehen, als ob das Bild sich bewegt. Das ist im Grunde das, was passiert, wenn du deine Lieblingssendung anschaust!

6. Im Jahr 1495 skizzierte Leonardo da Vinci Entwürfe für einen humanoiden Roboter.

Im 1400 erstellte Leonardo da Vinci einen menschenähnlichen Roboter, der in einer Rüstung gekleidet war. Innerhalb der Rüstung befanden sich aufwendige Seilsysteme aus Kabeln, Rädern und Zahnrädern. Er konnte sitzen, sich hinlegen, aufstehen und sein Gesicht bewegen. Jede Bewegung erfolgte im Rhythmus eines Trommelwirbels. Während wir heute viel fortgeschrittenere menschenähnliche Roboter sehen, war zur damaligen Zeit ein bewegliches Set aus Metall für alle, die es sahen, erstaunlich!

7. Der größte Roboter der Welt wiegt 11 Tonnen.

Sein Name ist Tradinno, und er ist ein riesiger, wandelnder Drachenroboter, der für ein Theaterstück in Deutschland verwendet wurde. Er wiegt 11 Tonnen und ist 15 Meter hoch. Tradinno kann Feuer bis zu einer Entfernung von 1,5 Metern spucken, also komm ihm nicht zu nahe! Er ist wie ein echter Drache, so groß wie er ist; er hat Flügel und grüne Haut und alles!

8. Diamanten sind die härteste natürliche Substanz auf der Erde.

Das härteste Material auf der Welt ist kein Metall, Eisen oder Holz. Tatsächlich ist es etwas viel selteneres und viel funkelnderes: Diamanten! Einige behaupten, dass Diamanten der beste Freund eines Mädchens sind, aber sie können auch in der Bauindustrie und in wissenschaftlichen Forschungswerkzeugen verwendet werden. Dieser glänzende Stein ist auf vielfältige Weise nützlich, weil er nahezu unzerstörbar ist. Warum gehst du nicht

das nächste Mal nach Diamanten graben, wenn du draußen bist? Du könntest einen Haufen Geld mit diesem funkelnden, harten kleinen Stein verdienen.

9. Magensäure kann Metall auflösen.

Wir haben Säure in unserem Magen, eine Säure, die stark genug ist, um Metall aufzulösen! Die pH-Werte dieser Säure sind stark genug, um sogar Knochen aufzulösen und liegen in derselben Kategorie wie Batteriesäure, die selbst Stahl auflösen kann. Gehe jedoch nicht herum und schlucke Metallgegenstände, denn sie können dir immer noch sehr schaden, wenn du sie isst.

10. Schall breitet sich schneller unter Wasser aus.

Schall breitet sich schneller im Wasser aus, weil die Moleküle im Wasser dichter gepackt sind. Der Schall prallt von den Molekülen ab und breitet sich mit höherer Geschwindigkeit aus. Es erfordert jedoch mehr Energie, um Schall im Wasser zu erzeugen.

1. Ein humanoider Roboter wurde im Jahr 2022 gebaut.

Hast du jemals davon geträumt, Freunde mit einem Roboter zu haben? Jetzt hast du die Chance! Die Technologie hat sich so weit entwickelt, dass du mit einem humanoiden oder menschenähnlichen Roboter sprechen kannst! Eine Firma namens Engineered Arts hat einen Roboter namens Ameca erschaffen. Sie ist grau, und du kannst all die Drähte in ihrem Körper sehen. Ameca hat ihre eigenen Meinungen, die Fähigkeit zu sprechen und Gespräche zu führen und kann sich genauso bewegen wie ein Mensch. Sie ist das Ergebnis von fünfzehn Jahren harter Arbeit von Engineered Arts, daher ist sie etwas teuer. Du kannst Ameca für etwa 133.000 US-Dollar kaufen, aber wenn du nicht so viel Geld hast, kannst du sie immer für eine Party oder Veranstaltung mieten! Sie wurde gemacht, um mit Menschen zu kommunizieren, daher macht es

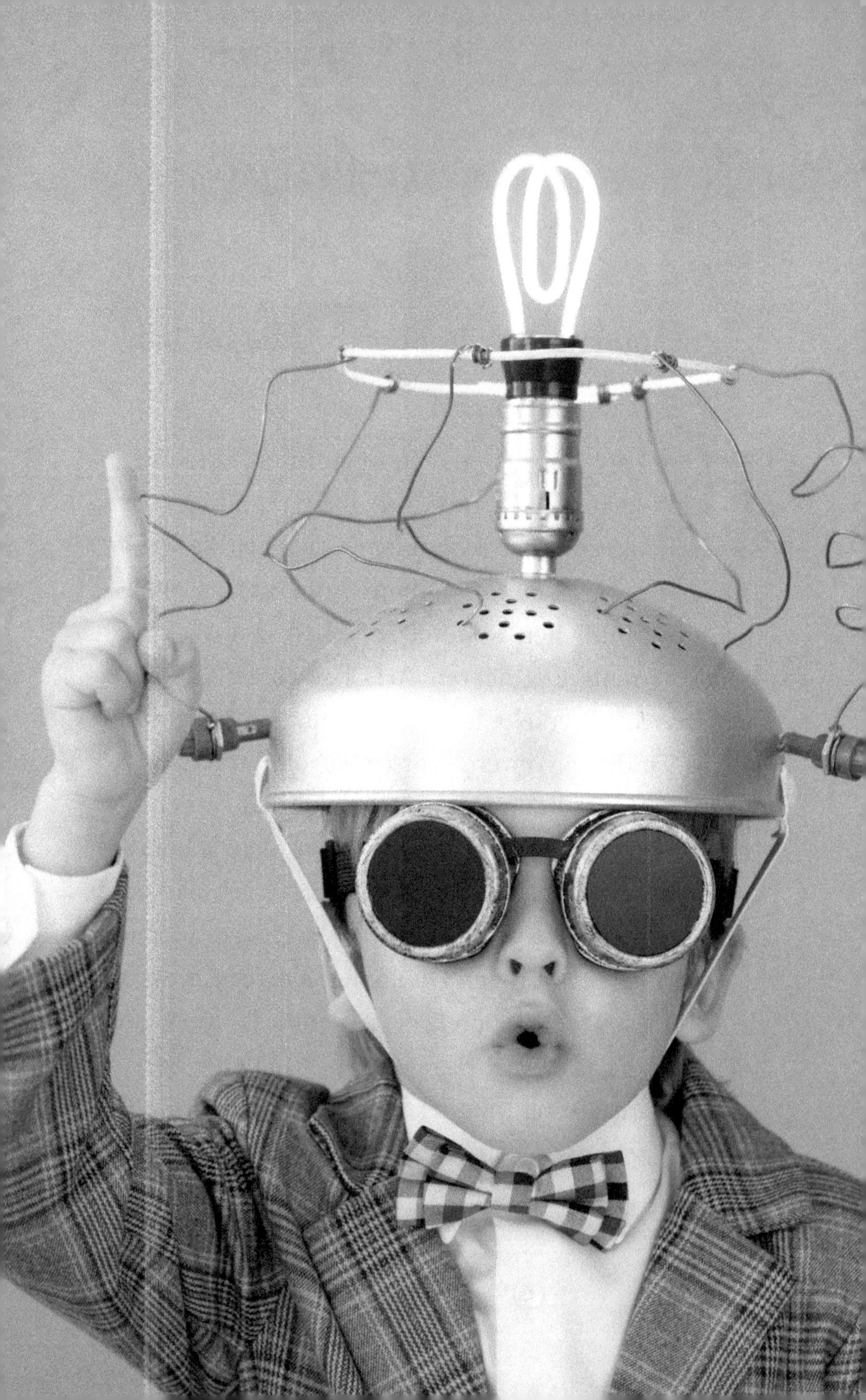

immer Spaß, ein Gespräch mit Ameca zu führen. Vielleicht haben wir in der Zukunft Roboterhunde, Roboterlehrer und sogar Roboterbabysitter. Wer weiß? Eines Tages könnten wir vielleicht nicht einmal mehr den Unterschied zwischen einem Roboter und einem Menschen erkennen!

2. Nintendo hat nicht als Videospielunternehmen begonnen.

Spielst du gerne Videospiele? Wenn ja, besitzt du vielleicht eine Nintendo-Konsole. Aber wusstest du, dass die Firma Nintendo schon sehr lange existiert? Es ist wahr, sie ist seit dem Jahr 1889 ein Unternehmen! Aber natürlich gab es im Jahr 1889 keine Videospiele, also stellte der Besitzer der Firma, Fusajiro Yamauchi, handgemalte Kartenspiele und Spielzeug her. Stell dir vor, wie schockiert der Gründer von Nintendo wäre, wenn er die Videospiele sehen würde, die seine Firma heute herstellt!

3. Die Regierung der USA verwendete die PlayStation 3, um einen Supercomputer zu bauen.

Im Jahr 2010 verwendete die US-Luftwaffe 1.760 PS3s, um einen großen Supercomputer namens Condor Cluster zu bauen. Dieser Computer verbraucht 1/10 der Energie eines herkömmlichen Supercomputers, was ihn umweltfreundlicher und viel billiger in der Herstellung macht! Aber er ist riesig, mit fünf Meilen Kabeln verbunden. Ihr Heimcomputer würde im Vergleich zum Condor Cluster winzig aussehen. Er wurde erstellt, um Bilder von Überwachungsdrohnen zu verarbeiten und war einmal der 35. schnellste Supercomputer der Welt. Ihr könntet dies zu Hause ausprobieren, müsstet jedoch viele PlayStations kaufen, um dies zu tun. Ihr würdet jahrelang euer Taschengeld sparen!

4. Das erste Wort, das jemals automatisch korrigiert wurde, war 'teh'.

Kannst du erraten, was 'teh' bedeutet? Viele Menschen schreiben dieses Wort jeden Tag versehentlich, da es eines der am häufigsten

verwendeten Wörter im Englischen ist. 'Teh' bedeutet eigentlich 'the', auf deutsch "der", "die" oder "das" und es wurde erstmals von einem Computerprogrammierer von Microsoft in den 1990er Jahren korrigiert. Er hat ein Programm geschrieben, um spezifisch das Wort 'teh' in 'the' zu korrigieren. Auf diesen alten Computern korrigiert das gleichzeitige Drücken der linken Pfeiltaste und der F3-Taste auf deiner Tastatur 'teh', aber nur 'teh' und keine anderen Rechtschreibfehler. Offenbar war es so üblich, 'teh' anstelle von 'the' zu schreiben, dass jemand ein ganz neues Programm entwickeln musste, um es zu beheben! Ich denke, wir sind manchmal alle schlecht in Rechtschreibung.

5. Jeden Monat werden über 6.000 Computer-Viren veröffentlicht.

Das sind eine Menge Computer-Viren. Computer-Viren sind ähnlich wie organische Viren, zum Beispiel wenn du eine Erkältung bekommst und dich krank fühlst. Wusstest du, dass auch dein Computer krank werden kann? Er könnte von diesen bösen Dingen im Internet namens Viren befallen sein. Viren

übernehmen die Kontrolle über deinen Computer und lassen ihn seltsam funktionieren. Manchmal beeinflussen sie sogar ganze Webserver wie Google. Im Jahr 2004 griff der, was als der schlimmste Virus in der Geschichte gilt, eine Reihe von Menschen über ihre E-Mails an und verursachte einen Zusammenbruch von Google, wodurch es nicht mehr nutzbar war. Das Beängstigende ist: Dieser Virus ist immer noch heute präsent. Sei also vorsichtig, wohin du im Internet gehst! Du möchtest nicht, dass dein Computer sich eine Erkältung einfängt!

6. Der allererste Computer-Virus wurde in den 1970er Jahren erstellt.

Der erste jemals erstellte Computer-Virus hieß Creeper und wurde tatsächlich von einigen Computerexperten als Experiment entwickelt, um die Grenzen ihrer Fähigkeiten zu testen. Creeper ist das, was als 'Wurm' bezeichnet wird, was bedeutet, dass er sich selbst repliziert und leicht von einem Computer zum anderen verbreitet. In den 1970er Jahren, als er erstmals erstellt wurde, tauchte er auf dem Bildschirm des Opfers auf und sagte: "Ich bin

der Creeper, fang mich, wenn du kannst!" Gruselig, oder?

7. Bis 2010 waren Brieftauben in bestimmten Teilen der Welt schneller als das Internet.

In Südafrika flog eine Brieftaube namens Winston in die Luft und trug einen kleinen Speicherstick. Er nahm an einem 60-Meilen-Rennen teil. Und wer war Winstons Gegner? Das Internet. Kannst du erraten, wer gewonnen hat? Natürlich Winston, da er den Speicherstick viel schneller zum endgültigen Ziel geliefert hat als der Internetdienstanbieter die Informationen hochladen konnte. Dieser kleine Vogel war schneller als das Internet! Dieses Rennen wurde gestartet, um einem Internetanbieterunternehmen zu beweisen und zu zeigen, wie langsam ihr Internet war. Als Winston am Ziel ankam, bevor das Internet die Informationen auf dem Speicherstick hochladen konnte, wurde sicherlich ein Punkt bewiesen. Hoffentlich erhielten alle danach schnellere Internetgeschwindigkeiten!

8. Der Großteil des Internetverkehrs stammt nicht von echten Menschen.

Das Internet ist ein großer Ort. Du kannst so viele verschiedene unterhaltsame Websites besuchen und sie nutzen, um mit deinen Freunden oder deiner Familie zu sprechen. Aber bist du dir bewusst, dass mehr als die Hälfte der Menschen im Internet tatsächlich keine Menschen sind? Zwanzig Prozent des Internetverkehrs stammen von Suchmaschinen wie Google oder Bing, während weitere 31% von Bots, Spam, Spionen oder Hacking-Software stammen. Sei immer vorsichtig, mit wem du im Internet sprichst; sie könnten ein Roboter sein!

9. Chirurgen, die in ihrer Jugend Videospiele gespielt haben, machen weniger Fehler und operieren schneller.

Wenn du vorhast, Arzt zu werden, habe ich gute Nachrichten für dich! Ärzte, die in ihrer Jugend Videospiele gespielt haben und jetzt laparoskopische Operationen durchführen - eine Art von Operation, bei der sie winzige Kameras

und Instrumente verwenden, die von einem Joystick gesteuert werden - machen weniger Fehler und arbeiten schneller während der Operation. Das liegt daran, dass Ärzte, die regelmäßig Videospiele spielen, eine schnellere Auge-Hand-Koordination und schnellere Reflexe haben. Sie reagieren also schnell und können Tasten und Joysticks viel leichter steuern. Lass dich also nicht von irgendjemandem sagen, dass das Spielen von Videospielen stundenlang am Tag Zeitverschwendung ist - du könntest dich gut auf das Studium vorbereiten, um in der Zukunft Arzt zu werden!

10. Das Firefox-Logo ist kein Fuchs.

Welchen Browser verwendest du? Es gibt viele zur Auswahl, wie Chrome, Microsoft Edge oder Firefox. Wenn du Firefox verwendest, kennst du sicher sein niedliches Logo mit dem kleinen Tier, das sich unter seinem Schwanz zusammenrollt. Du könntest denken, dass es sich dabei um einen Fuchs handelt, oder? Aber, seltsamerweise ist das Tier im Firefox-Logo gar kein Fuchs! Es ist eigentlich ein niedlicher Roter Panda, ein Tier, das im östlichen Teil

der Welt zu finden ist. Rote Pandas sehen aus wie rote Waschbären und werden manchmal "Feuerfüchse" genannt, daher stammt auch der Name des Web-Browsers. Trotzdem ist der Rote Panda weder ein Waschbär noch ein Fuchs oder ein Panda! Es handelt sich um eine spezielle Art namens Ailuridae. Aber "Firefox" klingt einfach cooler, oder?

Rekorde der Welt

1. Der kleinste Hund der Welt.

Im Jahr 2011 wurde der kleinste Hund der Welt geboren. Sein Name ist Miracle Milly, und sie ist ein winziger Chihuahua, nur 10 Zentimeter groß. Sie entspricht etwa der Länge eines 10 Euro-Scheins und passt problemlos in eine Teetasse! Mit einem Gewicht von nur 0,45 Kilogramm könntest du Milly wahrscheinlich in deine Handfläche legen wie eine kleine Puppe. Es wird berichtet, dass sie gerne für Fotos die Zunge herausstreckte. Miracle Millys Name passt perfekt zu diesem winzigen Hund.

2. Die stinkendste Pflanze der Welt.

Das ist der Name der Leichenblume, und sie blüht nur alle sieben bis zehn Jahre. Sie ist auch riesig! Die Leichenblume hat die größten Blätter der Welt. Und wie du weißt, ist sie auch übelriechend.

Diese besondere Blume soll nach verrottendem Käse, Knoblauch und stinkenden Füßen riechen. Glücklicherweise ist sie in Indonesien beheimatet, sodass du sie nicht in deinem Hinterhof finden wirst, es sei denn, du lebst dort.

3. Die längsten Fingernägel der Welt.

Diana Armstrong ist die Frau mit den längsten Fingernägeln der Welt. Sie sind 13,1 Meter lang und haben 25 Jahre gedauert, um zu wachsen! Leider ist die Vorgeschichte ihrer Fingernägel tragisch. Dianas Tochter lackierte ihre (damals normal langen) Fingernägel regelmäßig, aber eines Nachts starb ihre Tochter im Schlaf an einem Asthmaanfall. Um ihr Andenken zu ehren, beschloss Diana Armstrong, ihre Nägel nicht zu schneiden, da es sich anfühlte, als würde sie eine glückliche Erinnerung an ihre Tochter abschneiden. Schließlich wuchsen sie so lange, dass sie den Boden erreichen konnte! Das Lackieren ihrer Nägel dauert Tage, 15 bis 20 Flaschen Nagellack und ein Werkzeug für Holzarbeiten. Sie sagt, sie könnte ihre Nägel jetzt unmöglich schneiden; sie ist

entschlossen, sie lang und weltrekordverdächtig zu halten.

4. Die größte Pizza der Welt.

Das ist die leckerste Tatsache, die wir haben. Die größte Pizza der Welt heißt Ottavia, ist glutenfrei, hat fast 1.300 Quadratmeter Oberfläche und wiegt fast 12.250 Kilogramm! Es dauerte 48 Stunden, um fertig gebacken zu werden. Ich glaube, ich könnte nicht einmal ein Stück Ottavia in meinen Heimofen stecken! Ottavia wurde gemacht, um auf die Vorteile einer glutenfreien Ernährung aufmerksam zu machen. Deshalb war sie glutenfrei! Glaubst du, Ottavia würde genauso lecker schmecken wie eine normale Pizza?

5. Die schnellste Badewanne der Welt.

Badewannen bewegen sich normalerweise nicht, und die meisten von ihnen haben nicht einmal Räder. Aber wusstest du, dass es einen Weltrekord

für die schnellste Badewanne der Welt gibt? Ein Erfinder in der Schweiz befestigte seine Badewanne am Rahmen eines Go-Karts und verwendete einen kleinen Motor, um sich mit 190 Kilometern pro Stunde über die Rennstrecke zu bewegen. Die Badewanne war komplett mit einer Dusche und sogar einem kleinen Schrubber ausgestattet. Es wäre nicht sehr entspannend oder sauber, ein Bad bei 190 Kilometern pro Stunde zu nehmen, findest du nicht?

6. Der längste Schnurrbart der Welt.

Ein Mann namens Ram Singh begann im Jahr 1970, sich seinen Schnurrbart wachsen zu lassen, und hält jetzt den Rekord für den längsten Schnurrbart der Welt! Sein Gesichtshaar ist 5,64 Meter lang und schleift auf dem Boden, wenn er geht. Er verbringt jeden Tag Stunden damit, seinen beeindruckenden Schnurrbart und Bart zu pflegen. Das ist Hingabe!

7. Der höchste Hut der Welt.

Es ist ein 4,82 Meter hoher grauer Hut mit Federn und einem exzentrischen Besitzer, und es ist ein sehr, sehr großer Hut. Du musst deinen Nacken zurückbeugen, um das Ganze zu sehen! Der Mann, der diesen Hut gemacht hat, heißt Odilon Ozare, und er stellt Hüte her. Er wurde inspiriert, den höchsten Hut der Welt zu machen, nachdem er einen sehr hohen Hut für eine Puppe gemacht hatte. Nach mehreren Versuchen, es richtig zu machen, konnte er schließlich einen Hut erstellen, der ihm nicht bei jedem Schritt vom Kopf fiel. Stell dir vor, welche interessanten Dinge du unter diesem Hut verstecken könntest!

8. Die pelzigste Katze der Welt.

Diese Katze heißt Sophie Smith und sieht sehr majestätisch aus mit ihrem etwa 25 Zentimeter langen Fell. Vorsicht vor den größten Haarballen, die du je gesehen hast – diese Katze hat das längste Fell aller Katzen auf der Welt. Sie ist braun und

schwarz mit hübschen grünen Augen und scharfen Krallen.

9. Die längste Nase der Welt.

Der Mann mit der längsten Nase der Welt heißt Mehmet Özyürek. Sein Riechkolben misst fast 10 Zentimeter, was sein Gesicht ziemlich unvergesslich macht. Ich frage mich, ob er Dinge besser riechen kann als der durchschnittliche Mensch?

10. Der größte Mensch aller Zeiten.

Der größte Mensch der Welt war über 2,44 Meter groß und anscheinend sehr höflich, was gut ist, da er so groß war! Sein Name war Robert Wadlow, und er wurde 1918 von zwei durchschnittlich großen Eltern geboren. Im Alter von fünf Jahren trug er bereits Kleidung, die für Teenager gedacht war. Außerdem hatte er die größten Hände und Füße, die jemals gemessen wurden! Kleidung und Schuhe zu finden, muss für ihn wirklich schwierig gewesen sein!

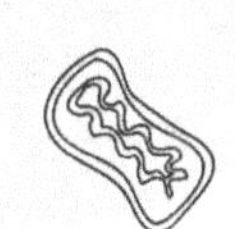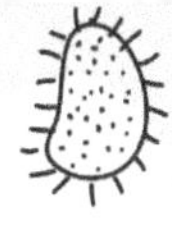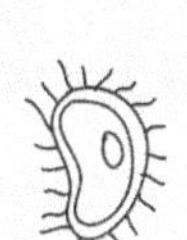

Unsere Superkräfte

1. Die Nase kann Billionen von Gerüchen erkennen.

Hast du gewusst, dass du eine Superkraft besitzt? Sie befindet sich direkt in deinem Gesicht! Deine Nase ist ein erstaunliches Werkzeug, das du jeden Tag für verschiedene Dinge verwendest. Gute Gerüche können deinen Appetit anregen, schlechte Gerüche können dich krank machen, und neue Gerüche können deine Neugier wecken. Wir nutzen unsere Nasen, um Dinge aufzuspüren, uns vor Gefahren zu warnen und unseren Appetit vorzubereiten. Doch wie viele Gerüche kannst du benennen? Die Anzahl der Gerüche in der Welt ist riesig, und unsere Nasen können Billionen verschiedener Geruchstypen erkennen. Wusstest du, dass es so viele Gerüche gibt? Es ist wahr; du hast die Fähigkeit, zwischen einer Billion verschiedenen Düften zu unterscheiden. Probier es aus, geh nach draußen und rieche an verschiedenen Blumen, achte

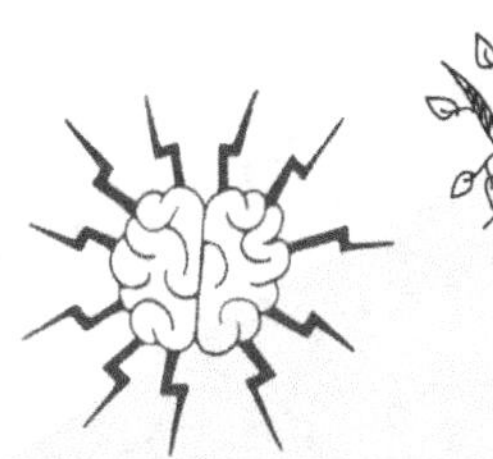

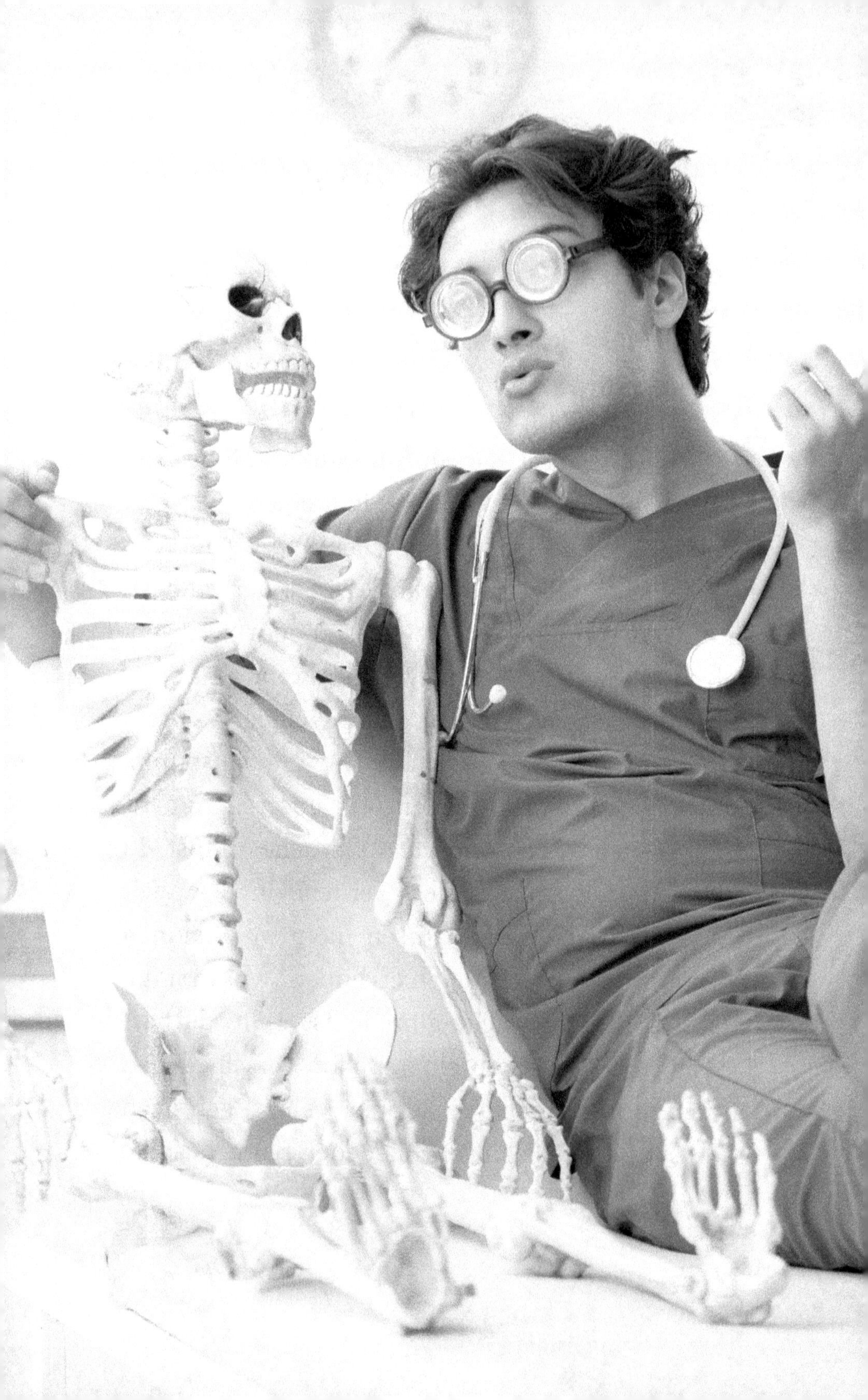

auf die Unterschiede bei jeder Sorte und versuche herauszufinden, wonach jede Blume riecht.

2. Ohrenschmalz ist eine Art von Schweiß.

Ohrenschmalz ist seltsam und verwirrend; es gibt vieles, was du vielleicht nicht weißt! Zum Beispiel, wusstest du, dass sein richtiger Name Cerumen ist und es eigentlich kein Wachs ist? Es wird nur aufgrund seiner Konsistenz als Wachs bezeichnet; es ist so klebrig und zäh, dass es genauso gut Schuhwachs oder Kerzenwachs sein könnte. Aber dieser gelbe Stoff in deinem Ohr entsteht tatsächlich durch Schweißdrüsen und abgestorbene Hautzellen. Die Haut in deinem Ohr ist sehr dünn und kann leicht verletzt werden, daher schützt das Ohrenschmalz diese Haut, indem es sie wie ein Schutzschild bedeckt. Wenn du viel schwitzt, ist dein Ohrenschmalz wahrscheinlich weicher und feuchter. Wenn du nicht viel schwitzt, ist dein Ohrenschmalz wahrscheinlich trockener und brüchiger. Tatsächlich benötigst du Ohrenschmalz, um das Innere deines Ohres zu schützen und zu reinigen. Reinige es also

nicht zu oft! Wenn du es dennoch reinigen musst, tu dies sehr vorsichtig oder bitte deine Eltern um Hilfe. Und denke daran, es ist kein echtes Wachs, also versuche nicht, Kerzen daraus herzustellen!

3. Ein Mensch kann genauso starke Zähne haben wie ein Hai.

Diese Tatsache mag schwer zu glauben sein. Haie haben so große, scharfe Zähne, dass es schwer vorstellbar ist, dass die Zähne eines Menschen in irgendeiner Weise ähnlich sein könnten. Wir haben weniger Zähne, und sie sind bei weitem nicht so groß. Doch ein Hai-Zahn hat die gleiche Stärke wie ein menschlicher Zahn! Es gibt nur wenige kleine Unterschiede in der Zusammensetzung ihrer Zähne und unserer, aber die Festigkeit eines Hai-Zahns ist mit der deiner Zähne vergleichbar. Haie verlieren auch Zähne wie wir, und einige Wissenschaftler sagen, dass sie in ihrem Leben bis zu etwa 35.000 Zähne verlieren können. Das sind eine Menge Zähne! Glücklicherweise bekommen Haie keine Karies wie wir, also gibt es irgendwo im Ozean keine Zahnärzte für Haie. Einige Arten haben einfach Glück.

4. Du könntest keine Nahrung schmecken, wenn du keinen Speichel hättest.

Speichel ist nur ein schickeres Wort für Spucke. Ohne die Spucke in deinem Mund könntest du nicht schlucken, Nahrung verdauen oder deine Zähne schützen. Und vor allem könntest du keine leckeren Lebensmittel schmecken! Wenn du isst, muss deine Nahrung zuerst innerhalb des Speichels aufgelöst werden, bevor die Geschmacksknospen auf deiner Zunge auf den Geschmack reagieren können. Deine Geschmacksknospen erkennen den Geschmack und senden Signale an dein Gehirn, um dir mitzuteilen, wie das Essen schmeckt. Wusstest du, dass du, wenn du all deinen Speichel ein Jahr lang aufbewahren würdest, damit eine Badewanne füllen könntest? Aber mach das lieber nicht, du brauchst deinen Speichel für das Abendessen heute Abend, und es ist ziemlich eklig.

5. Die linke Lunge ist kleiner als die rechte Lunge.

Viele Dinge an deinem Körper haben die gleiche Größe, wie deine Augäpfel oder deine Nasenlöcher, aber wusstest du, dass deine Lungen unterschiedlich geformt sind? Sie sind keine Spiegelbilder voneinander, sondern zwei verschiedene Größen. Deine linke Lunge ist etwas kleiner als deine rechte Lunge, weil sich dein Herz auf der linken Seite befindet und dein Körper automatisch zusätzlichen Platz schafft, um dein Herz innerhalb deines Körpers unterzubringen. Das bedeutet, dass sich deine linke Lunge zur Seite bewegt hat und Platz für das Herz geschaffen hat, so ähnlich wie auf einer überfüllten Bank. Ist es nicht erstaunlich, wie unser Körper funktioniert? In dir passiert jederzeit so viel!

6. Die DNA im Körper einer, würde, wenn sie komplett aneinandergereiht würde, vom Pluto zur Sonne und zurück reichen.

Hast du jemals ein Bild von DNA gesehen? Sie ist wie eine aufgerollte Feder oder Curly Fries. So sieht sie in unseren Körpern aus, also stell dir vor,

diese kleinen lockigen Federn schweben gerade in dir herum. Jetzt stell dir vor, diese Feder würde gestreckt. Sie würde länger werden, richtig? Wenn du jeden kleinen Teil der DNA in deinem Körper nimmst und sie in einer Linie ausstreckst, würde sie so lang werden, dass sie bis in den Weltraum reichen könnte, über den Mond hinaus und bis zu Pluto. Tatsächlich könnte sie Pluto 17 Mal erreichen und zurückkehren! Das ist eine Menge DNA, und das ist nur in deinem eigenen Körper. In deinem Körper befinden sich rund 37 Billionen Zellen, und alle enthalten etwa 5 Zentimeter DNA, wenn sie entrollt sind. Stell dir vor, so viele Curly Fries zu haben – das wäre noch cooler!

7. Nur 2 % der Menschen haben grüne Augen.

Hast du grüne Augen? Wenn ja, hast du eine Mutation! Das mag beängstigend klingen, aber tatsächlich handelt es sich um ein sehr seltenes und wunderschönes Merkmal. Nur etwa 2 % der Menschen auf der Welt haben von Natur aus grüne Augen. Die Mutation wird durch einen Mangel an Melanin verursacht, einer Substanz in deinem

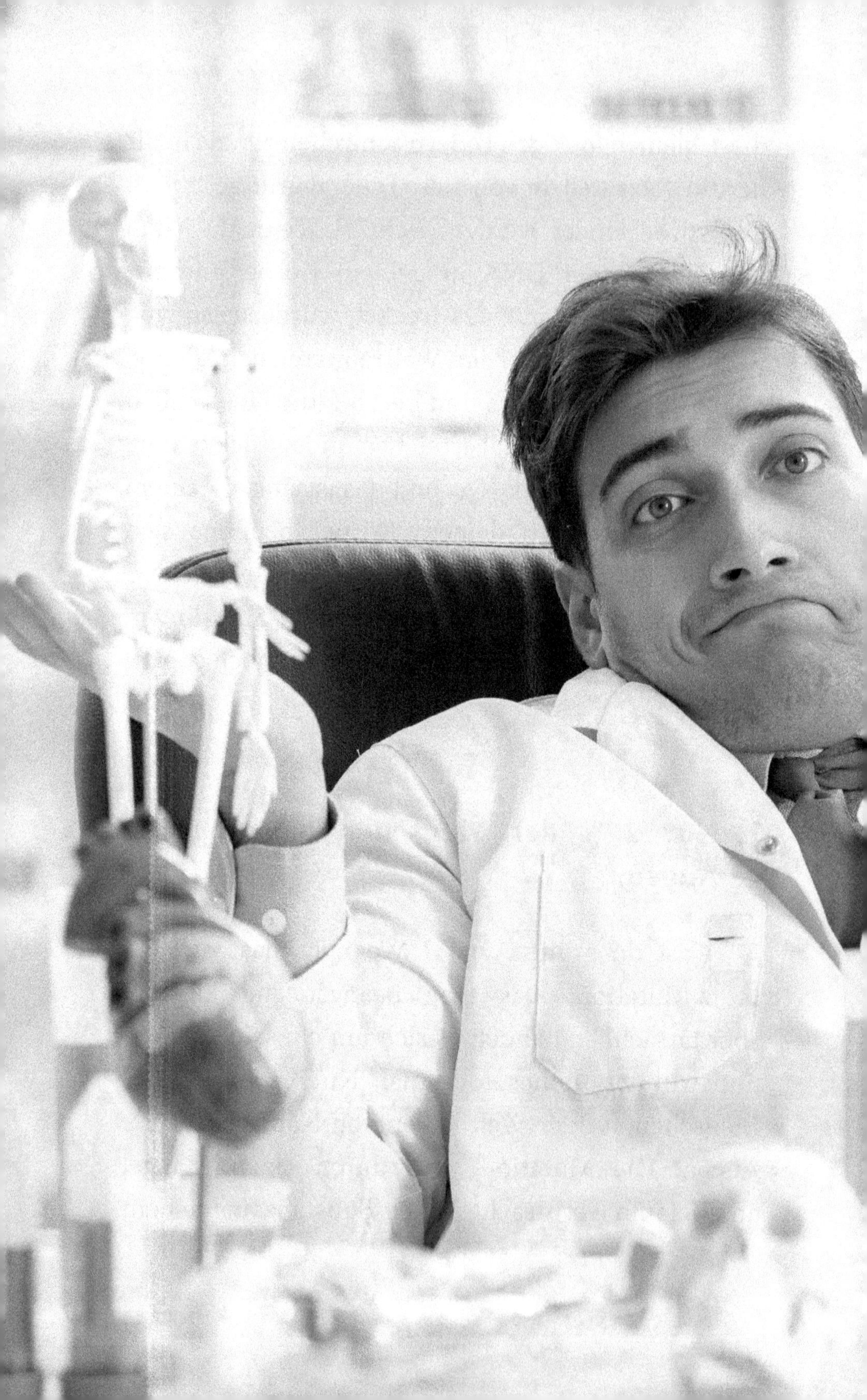

Körper, die Farbe erzeugt. Grüne Augen haben jedoch überhaupt keine Farbe. Sie können wie ein wunderschöner Farbton von Minze oder Smaragd aussehen, haben aber tatsächlich keine Pigmente oder Tönung. Menschen mit grünen Augen werden tatsächlich mit braunen oder blauen Augen geboren, und es dauert etwa drei Jahre, bis sie diesen hübschen Grünton entwickeln. Insgesamt ist Grün die seltenste Augenfarbe bei Menschen auf der Welt!

8. Der Zahnschmelz ist stärker als Knochen.

Der Zahnschmelz ist eine Schicht aus Mineralien und Chemikalien, die die äußere Schicht deiner Zähne bedeckt und wie ein Schild wirkt, um deine Zähne vor Säuren und allem anderen zu schützen, was ihnen schaden könnte. Dein Zahnschmelz ist tatsächlich der stärkste Teil deines Körpers! Die einzigen Substanzen auf der Welt, die stärker sind als Zahnschmelz, sind Diamanten. Sie sind so stark aufgrund der Proteine, die zur Bildung verwendet werden. Diese Proteinstränge ähneln Knochen, sind jedoch tausendmal länger und stärker als die Proteinstränge, die in deinen Knochen gefunden

werden. Wenn du jedoch einen Zahn brichst, wächst er nicht zurück oder heilt von selbst wie ein Knochen. Sei also vorsichtig, was du beißt!

9. Du kannst unter Wasser schwitzen.

Diese Tatsache scheint ein wenig verwirrend zu sein. Wenn du unter Wasser bist, bist du nass, richtig? Also wie könntest du schwitzen, wenn du bereits von Wasser bedeckt bist? Nun, die Antwort ist einfach. Schwitzen ist die Art und Weise des Körpers, sich abzukühlen, weshalb wir schwitzen, wenn uns heiß ist oder wenn wir hart arbeiten. Schwitzen unter Wasser tritt hauptsächlich bei Athleten auf, die sehr schnell und sehr intensiv schwimmen, auch wenn das Wasser kalt ist. Weil sie ihren Körper so sehr beanspruchen, beginnen sie zu schwitzen! Also, das nächste Mal, wenn du im Pool bist, schwimme eine Menge Bahnen, und du könntest tatsächlich unter Wasser schwitzen!

10. Babys werden mit etwa 300 Knochen geboren.

Menschen haben normalerweise etwa 206 Knochen, aber Babys werden mit etwa 300 Knochen in ihren kleinen Körpern geboren! Kannst du dir das vorstellen? Es gibt so viele Knochen in diesem winzigen Menschen, fast 100 mehr als du jetzt hast. Sie haben so viele Knochen, weil ihr Körper aus etwas namens Knorpel besteht, einer Bindegewebsart im Körper, die deine Knochen davor schützt, aneinander zu reiben und Struktur in bestimmten Teilen deines Körpers wie deiner Nase oder deinen Ohren verleiht. Wenn ein Baby aufwächst, verschmelzt dieser Knorpel wie Knetmasse, um das ausgewachsene Skelett eines Erwachsenen zu bilden. Ist das nicht ein bisschen gruselig? Babys haben so viele Knochen, aber sie sind so winzig!

Die Tiefen des Weltraums

1. Der Sonnenuntergang auf dem Mars ist blau.

Wir alle denken an den Mars als den roten Planeten, also wie kann sein Sonnenuntergang blau sein? Sein Himmel ist rot, sein Boden ist rot, und der gesamte Planet sieht rot aus, wenn man ihn durch ein Teleskop betrachtet. Aber es stimmt, dass bei Sonnenuntergang und Sonnenaufgang der Himmel einen blauen Farbton hat, den wir auf der Erde nicht sehen. Das Blau entsteht durch Staub in der Atmosphäre, der die blauen Farben in der Nähe der Sonne reflektiert. Also, während der Himmel normalerweise rot oder braun wäre, wird bei einem bestimmten Sonnenwinkel alles blau. Vielleicht werden wir das eines Tages selbst sehen!

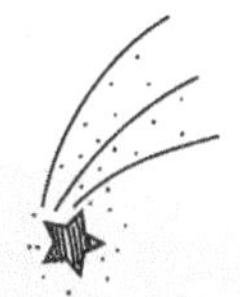

2. Die ersten Lebewesen im Weltraum waren Fruchtfliegen.

Tiere wurden schon immer im Raumfahrttraining eingesetzt. Einige Glückliche wurden ins All geschickt, aber bevor Menschen Affen benutzten, um ihre Raketen zu testen, verwendeten sie eine viel kleinere Kreatur, die wir alle kennen und nicht mögen: Fruchtfliegen. Im Jahr 1947 wurden einige Fruchtfliegen in den Weltraum geschossen, weil sie eine ähnliche genetische Zusammensetzung wie Menschen haben. Bevor wir einen Menschen hinaufschickten, mussten wir testen, ob eine Fruchtfliege im Weltraum überleben könnte. Wissenschaftler beobachteten und warteten auf die sichere Rückkehr der Fliegen. Schließlich kam die Rakete auf die Erde zurück, und die Fruchtfliegen waren unversehrt, was darauf hindeutete, dass es sicher wäre, einen Menschen in den Weltraum zu schicken.

3. Im Weltraum gibt es keinen Schall.

Um zu verstehen, warum der Weltraum still ist, müssen wir zuerst verstehen, wie Schall funktioniert. Wenn du sprichst oder Geräusche machst, schwingt der Schall über die Moleküle um dich herum. Aber da der Weltraum ein Vakuum ist - nicht die Art von Vakuum, die wir zum Reinigen verwenden, sondern vielmehr ein riesiges Vakuum aus Nichts - gibt es keine Moleküle, an denen Schallwellen abprallen könnten. Alle diese Weltraumfilme, in denen laute Explosionen und Lasergeräusche zu hören sind, sollen den Film aufregender machen, aber sie sind falsch. Selbst die größte Explosion würde in der Leere des Weltraums keinen Ton erzeugen.

4. Uranus dreht sich seitwärts.

Uranus ist der siebte Planet von der Sonne entfernt. Er ist sehr kalt und windig und dreht sich auf ungewöhnliche Weise. Während die meisten Planeten gegen den Uhrzeigersinn drehen, dreht sich Uranus tatsächlich seitwärts wie ein rollender Ball. Ein Tag auf Uranus dauert etwa 17 Stunden,

und normalerweise umkreist er die Sonne in 84 Erdjahren. Das ist ein sehr langes Jahr für jeden, der auf Uranus leben könnte! Aufgrund seiner seltsamen Drehrichtung glauben einige Wissenschaftler, dass etwas Massives einst auf Uranus gestoßen ist und ihn umgedreht hat. Ob das wahr ist oder nicht, wurde nicht bewiesen, aber ist es nicht interessant zu denken, dass etwas Großes da draußen im Weltraum einen ganzen Planeten umdrehen könnte?

5. In die Sonne würden eine Million Erden passen.

Könntest du dir eine Million Erden vorstellen? Unser Planet ist bereits riesig! Es würde über 8.000 Stunden dauern, um die gesamte Erde zu umrunden, also stell dir vor, wie lange es dauern würde, um eine Million Erden zu umrunden! So groß ist die Sonne. Wenn du jetzt in den Himmel schaust, scheint die Sonne nicht so groß zu sein, aber tatsächlich ist sie das größte Objekt in unserem Sonnensystem. Neben der Sonne sieht die Erde aus wie ein winziger Punkt. Das ist riesig!

6. Jupiter ist der sich am schnellsten drehende Planet.

Ein Tag auf Jupiter dauert nur 10 Stunden; das lässt dir kaum Zeit, irgendetwas zu tun! Wenn du auf Jupiter leben würdest, würdest du den Großteil des Tages schlafen, vielleicht eine Mahlzeit essen und dann wieder ins Bett gehen! Lass uns also vermeiden, bald auf Jupiter zu leben; du könntest niemals Filme ansehen oder Zeit mit Freunden verbringen - aber zumindest wären die Schultage kurz. Es wird vermutet, dass Jupiter früher schneller gedreht hat als heute, aber etwas hat ihn verlangsamt. Trotzdem bleibt er der am schnellsten drehende Planet in unserem Sonnensystem. In einem Rennen gegen die anderen Planeten würde Jupiter definitiv gewinnen.

7. Auf dem Mond gibt es Reifenspuren.

Reifenspuren im Schlamm oder auf der Erde werden normalerweise hier auf der Erde weggeweht oder vom Regen weggewaschen. Aber der Mond hat kein Wetter! Es gibt keinen Wind oder Regen auf dem Mond, um die Reifenspuren zu

beseitigen, die vor langer Zeit von einem Mondrover hinterlassen wurden! Selbst jetzt hinterlassen wir immer noch Reifenspuren und Fußabdrücke auf der Oberfläche des Mondes, und sie sind bis heute erhalten. Wenn du in den Nachthimmel schaust und die Augen zusammenkneifst, könntest du sie vielleicht sehen!

8. Pluto wurde von einem 11-jährigen Mädchen benannt.

Im zarten Alter von 11 Jahren hörte ein Mädchen namens Venetia in den 1930er Jahren einen Zeitungsartikel über einen neu entdeckten Planeten! Sie hatte kürzlich ein Projekt über die Planeten gemacht und über die verschiedenen Namen nachgedacht, die alle nach römischen Göttern in der Mythologie benannt waren. Sie schlug einfach den Namen "Pluto" beim Frühstück vor, und ihre Familie stimmte zu, dass es ein guter Name war. Also erzählte ihr Großvater einem Freund von ihm an der Universität von Oxford von der Idee seiner Enkelin,

und der Zwergplanet Pluto wurde geboren! Hast du coole Ideen für Planetennamen? Warum teilst du deine Ideen nicht? Man weiß nie, wer es hören könnte!

9. Der höchste Vulkan, der uns Menschen bekannt ist, befindet sich auf dem Mars.

Wusstest du, dass der Mars Vulkane hat? Es gibt so viel über unseren roten Nachbarn zu lernen, darunter auch die Tatsache, dass er den höchsten Vulkan beherbergt, der den Menschen bekannt ist. Auf der Erde ist der größte Vulkan Mauna Loa in Hawaii, aber der Marsvulkan mit dem Namen Olympus Mons ist hundertmal größer als Mauna Loa. Tatsächlich könnte die gesamte Insel Hawaii problemlos in Olympus Mons passen! Lass uns hoffen, dass er nicht bald ausbricht.

10. Die Stürme auf Neptun sind groß, dass sie die gesamte Erde verschlucken könnten.

Der Neptun ist der achte Planet hinter der Sonne, wenn man sich die Planeten in einer Reihe denkt, und mit Abstand der windigste. Seine Oberfläche besteht aus Eis und Wasser und hat massive Stürme, die groß genug sind, um die gesamte Erde zu verschlucken! Die Winde auf Neptun erreichen etwa 2.575 km/h; das ist viel schneller als jedes Flugzeug je fliegen könnte. Mit 2.575 Kilometern pro Stunde würde dich der Wind wegpusten und dich über den ganzen Planeten tragen! Hoffen wir, dass es nie einen solchen Sturm hier auf der Erde gibt.

Lass uns Sport treiben

1. Golf wurde schon auf dem Mond gespielt.

Manche sagen, Golf sei langweilig, aber eine Sache, die es cool macht, ist, dass es der erste Sport ist, der jemals auf dem Mond gespielt wurde! Kein anderer Sport kann das behaupten. Baseball wurde nicht auf dem Mond gespielt, genauso wenig wie Basketball, aber im Jahr 1971 nahm der Astronaut Alan Shepard einen Golfschläger mit ins All. Er schaffte es, zwei Bälle auf der Oberfläche des Mondes zu schlagen und berichtete, dass die Bälle "Meilen und Meilen" weit flogen. Die United States Golfing Association behauptet jedoch, dass die beiden Bälle nur 22 und 37 Metern weit geflogen sind. Diese Golfbälle sind wahrscheinlich immer noch auf dem Mond! Was denkst du, welcher Sport als Nächstes auf dem Mond gespielt wird?

2. Leichtathleten brechen mehr Rekorde später am Tag, wenn ihre Körpertemperaturen am höchsten sind.

In unserem Körper gibt es so etwas wie einen circadianen Rhythmus. Das ist eine innere Uhr, die unsere Stimmungen, unser Essverhalten und unsere Müdigkeit bestimmt. Dein circadianer Rhythmus kann dich zu einem Morgenmenschen machen, zu jemandem, der nachts nascht, oder sogar am Abend aktiver ist. Das passiert auch bei Sportlern! Einige Studien legen nahe, dass der circadiane Rhythmus eines Sportlers bestimmen kann, wann er seine Leistungsspitze erreicht. Abends können bestimmte Hormone - chemische Substanzen in deinem Körper - herauskommen und deine Muskelkraft und Reaktionsgeschwindigkeit beeinflussen. Man nimmt an, dass die Leistungsspitze eines Sportlers am späten Tag liegt, aber nicht zu spät! In der Nacht und am frühen Morgen sind sie anfälliger für Verletzungen. Teste dies selbst und schau, wie gut du dich am Nachmittag und Abend bei Sportarten schlägst!

3. Gaylord Perry sagte einmal: "Sie werden einen Mann auf den Mond schicken, bevor ich einen Home Run schlage."

Irgendwie hat er die Zukunft vorhergesagt! Genau das ist passiert, die NASA hat einen Mann auf den Mond geschickt, bevor er jemals seinen ersten Home Run geschlagen hat. Er sagte 1963: "Sie werden einen Mann auf den Mond schicken, bevor ich einen Home Run schlage." Nur sechs Jahre später, nur wenige Stunden nachdem Neil Armstrong den Mond betreten hatte, schlug Perry schließlich seinen ersten und einzigen Home Run. Was für ein Zufall! Er hatte die ganze Zeit recht.

4. Babe Ruth trug manchmal ein Kohlblatt unter seiner Baseballkappe, um sich abzukühlen, und tauschte es alle zwei Innings aus.

In den frühen 1900er Jahren bestanden Baseball-Uniformen aus Wolle. Hast du jemals an einem heißen Sommertag eine Wolljacke getragen? Wenn ja, weißt du, wie heiß es unter dieser Jacke werden

kann. Babe Ruth, der berühmte Baseballspieler, musste ein komplettes Woll-Uniform tragen! Um sich während der Spiele abzukühlen, legte er Kohlblätter in eine Kühltruhe und ließ sie kalt werden, dann legte er sie unter seinen Hut. Tatsächlich brauchte er gleichzeitig zwei Kohlblätter wegen seines berühmt großen Kopfes!

5. Auf einem Golfball gibt es 300 bis 500 Dellen.

Die Anzahl der Dellen auf einem Golfball variiert je nach Hersteller, aber sie haben in der Regel 300 bis 500 Dellen auf ihrer Oberfläche. Hast du dich jemals gefragt, warum sie diese kleinen Dellen haben? Es liegt daran, dass sie Turbulenzen erzeugen, was eine Mischung aus Luftströmung ist. Wenn sie in die Luft geschlagen werden, fliegen sie weiter und höher! Golfbälle nutzen die gleiche Flugphysik wie Flugzeuge. Und wie viele großartige Erfindungen wurde auch das durch Zufall entdeckt. Frühe Golfer bemerkten, dass die abgenutzten, eingedellten und abgeplatzten Golfbälle weiter und höher flogen als

die glatten Bälle. Also begannen sie, diese kleinen Dellen in die Bälle zu machen, und bald wurde das zum Standard für den Sport.

6. Tauziehen war mal eine olympische Disziplin.

Von 1900 bis 1920 war Tauziehen Teil der Olympischen Spiele. Du hast vielleicht schon Tauziehen in der Schule gespielt oder mit einem Haustier, aber wusstest du, dass dieser Sport bis zu den antiken Olympischen Spielen zurückgeht, wahrscheinlich um 500 v. Chr.? Bei diesem Spiel gab es zwei Teams mit jeweils acht Personen, die an einem großen Seil zogen. Das Team, das am stärksten war, gewann die Goldmedaille! Also, das nächste Mal, wenn du Tauziehen auf dem Schulhof spielst, denke daran, dass du einen antiken Sport spielst, der früher bei den Olympischen Spielen verwendet wurde!

7. Linkshänder sind in vielen Sportarten besser.

Obwohl nur 10% der Weltbevölkerung Linkshänder sind, sind die meisten Athleten Linkshänder - ein Slangbegriff für Linkshänder. In der Natur verschaffen Linkstendenzen tatsächlich Tieren einen Vorteil gegenüber Raubtieren. Meeresschnecken lehnen sich nach links und sind besser geschützt gegen rechtshändige Krabben. Es wird angenommen, dass alles, was die Mehrheit der Kreaturen bevorzugt (das Recht), wer oder was auch immer das Gegenteil bevorzugt (die Linke), hat einen Überraschungseffekt. In Sportarten, wie ein Baseballspieler, der seine linke Hand benutzt, kann seine Gegner mit seiner ungewöhnlichen Wurfweise überraschen. Das gilt auch für Sportarten wie Boxen! Ein Linkshänder wird seinen Gegner überraschen, weil es wahrscheinlich ist, dass der Gegner erwartet, dass alle Schläge von rechts kommen. Linkshänder zu sein ist wirklich cool!

8. Menschen mit blauen Augen haben besseres Zielvermögen und treffen mehr Bälle als Menschen mit braunen Augen.

Die Größe gibt einem Athleten im Basketball einen Vorteil, während Geschwindigkeit und Stärke einem Athleten im American Football Vorteile verschaffen. Jede Sportart erfordert bestimmte Eigenschaften bei ihren Spielern, aber wusstest du, dass die Augenfarbe auch dazu beiträgt, wie gut jemand spielt? Es ist wahr! Eine wissenschaftliche Studie an der Universität von Louisiana legt nahe, dass Menschen mit blauen Augen schneller reagieren als Menschen mit braunen Augen. Dies gilt jedoch nur für schnelle Sportarten wo es auf Reaktionsschnelligkeit ankommt, wie Boxen oder viele Ballsportarten. Andere Sportarten wie Baseballwerfen oder Bowling gelten als selbstgesteuerte Sportarten, was bedeutet, dass du in deinem eigenen Tempo spielst. In diesen selbstgesteuerten Sportarten erzielten Menschen mit braunen Augen signifikant höhere Ergebnisse als Menschen mit blauen Augen. Warum der Unterschied? Wir sind uns eigentlich nicht sicher. Probiere es selbst aus und sieh nach, in welcher Sportart du am besten bist und ob es zu deiner Augenfarbe passt!

9. In Thailand ist Drachenfliegen eine richtige Sportart.

Hast du jemals einen Drachen steigen lassen? Es ist eine so einfache Freizeitbeschäftigung, dass einige Leute nicht einmal in Erwägung ziehen, dass es sich um eine Sportart handelt. Aber wusstest du, dass in Thailand das Drachenfliegen eine ihrer beliebtesten und wichtigsten Sportarten ist? Das ist wahr! Im Frühling in Thailand siehst du alle möglichen Drachen über deinem Kopf schweben. Es gibt sogar Musikdrachen, die friedliche, schöne Klänge erzeugen, während sie fliegen. Allerdings ist dieser Sport nicht immer friedlich. Um an einem Drachenflugwettbewerb teilzunehmen, müssen zwei Teams gegeneinander antreten. In Thailand werden sie normalerweise Pakpao und Chula genannt. Um zu gewinnen, muss ein Team den Drachen des anderen zu Boden bringen. Es ist wie ein Kampf zwischen Drachen! Vielleicht kannst du das nächste Mal, wenn du einen Drachen steigen lässt, einen Freund mitbringen, um sich zu messen!

10. Das erste olympische Rennen wurde von einem Koch gewonnen.

Ein olympisches Rennen zu laufen muss schwer sein. Du musst wirklich schnell rennen und sehr lange Strecken zurücklegen. Also ist es nur natürlich, dass normalerweise ein Athlet in solchen Sportarten gewinnt, oder? Das erste olympische Rennen wurde jedoch von einem normalen Bürger gewonnen, einem Mann namens Koroibos, manchmal geschrieben wie Coroebus. Er war einfach ein Koch! Habe ich erwähnt, dass dies im Jahr 776 v. Chr. passiert ist? Vielleicht waren die Standards für Rennen damals lockerer; es handelte sich schließlich nur um ein 600-Fuß-Rennen. Wenn wir immer noch Rennen wie damals abhalten würden, wären wir vielleicht alle Olympiasieger! Coroebus' Geschichte zeigt, dass du nicht unbedingt ein Athlet sein musst, um Großes zu erreichen. Er hat einfach sein Bestes gegeben, und als Ergebnis geht er als erster Gewinner der Olympischen Rennen in die Geschichte ein. Also sei wie Coroebus und versuche es einfach; du weißt nie, was passieren wird!

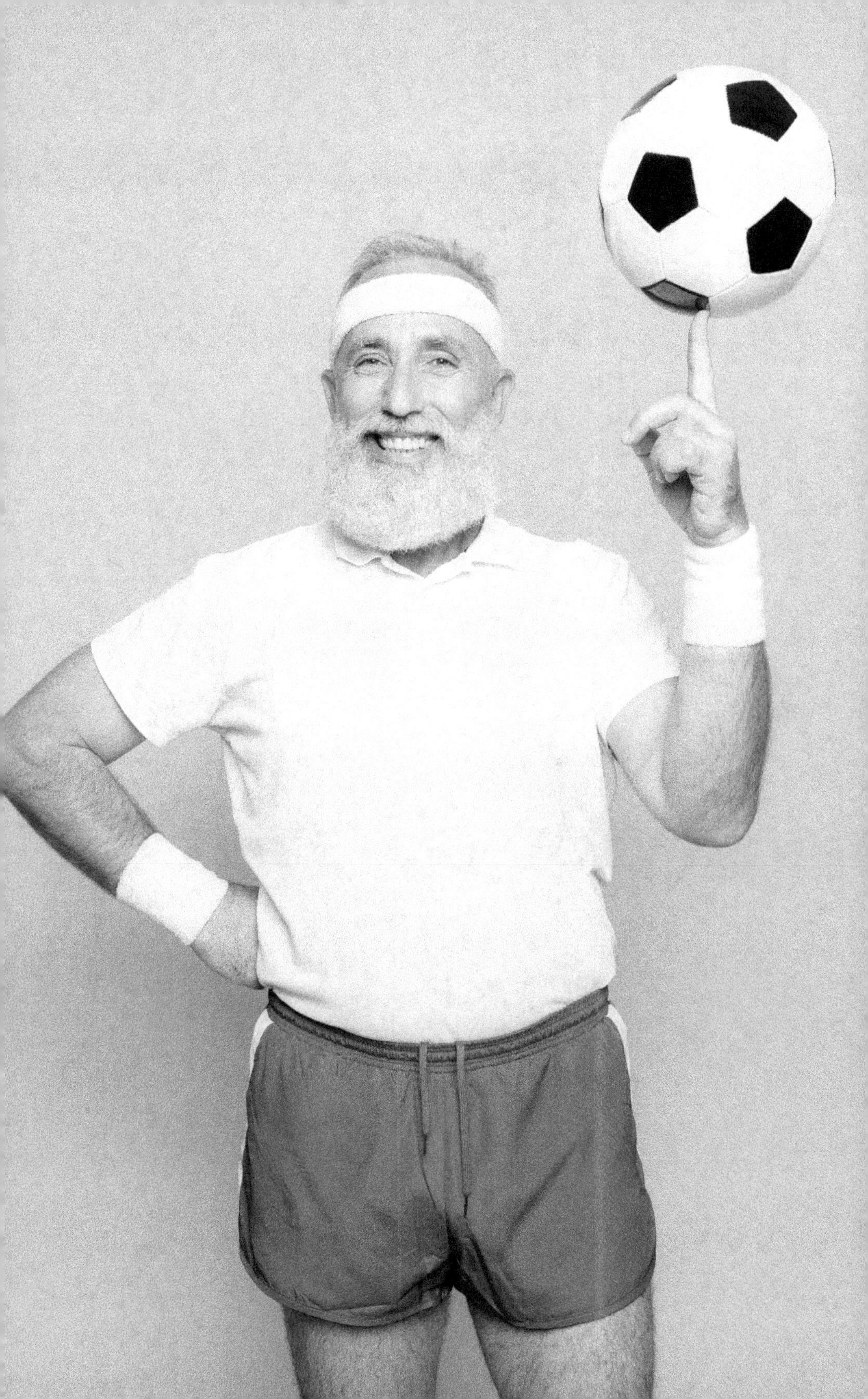

1. Russland ist nur 3,2 Kilometer von Alaska entfernt.

Zwei der größten Länder der Welt sind nur durch 3,2 Kilometer voneinander getrennt. Die Länder sind Sibirien und die Vereinigten Staaten. Russland, oder Sibirien, wie bestimmte Teile des Landes genannt werden, ist das größte Land der Welt. Die Vereinigten Staaten sind das viertgrößte Land. Das sind einige große Länder! Denke daran, dass Alaska, obwohl es nicht direkt neben den anderen Bundesstaaten liegt, immer noch ein Teil der USA ist, und die kleinen Inseln vor seiner Küste zählen ebenfalls zu den Vereinigten Staaten. Nur 40 Kilometer von der Küste Alaskas entfernt befindet sich eine Insel namens Little Diomede. Und 3,9 Kilometer von Little Diomede entfernt befindet sich eine andere Insel namens Big Diomede, die zu Russland gehört. Da es nur 3,9 Kilometer zwischen diesen beiden Inseln gibt,

kann man sagen, dass Russland und Alaska technisch gesehen 3,2 Kilometer voneinander entfernt sind. Die Reise von Alaska nach Russland ist jedoch nicht kurz. Trotz der kurzen Entfernung dauert es 21 Stunden, um von einer Insel zur anderen zu reisen! Manchmal werden diese Inseln auch Insel gestern und Insel morgen genannt. Du denkst vielleicht: "Das ergibt keinen Sinn! Sie sind nur zwei Stunden voneinander entfernt!" Aber es ist wahr! Big Diomede (Insel morgen) liegt 21 Stunden vor Little Diomede. Little Diomede hat die gleiche Zeitzone wie Alaska, während Big Diomede in derselben Zeitzone wie Russland liegt, was 12 Stunden voraus ist. Zeitzonen können verwirrend sein.

2. Hawaii bewegt sich jedes Jahr um 7,5 Zentimeter näher an Alaska heran.

Wusstest du, dass unter deinen Füßen riesige Platten sind, die ständig in Bewegung sind? Es sind nicht die Art von Platten, von denen du isst, sondern riesige Stücke der Erdkruste! Sie werden Tektonische Platten genannt und sind Teil des

Meeresbodens und der Kontinente. Diese Platten bewegen sich ständig in verschiedene Richtungen, aber wenn sie aufeinandertreffen, entsteht Druck an ihren Grenzen, der das freisetzt, was wir als Erdbeben kennen! Da sich diese Platten ständig bewegen, bedeutet das, dass Länder, Kontinente und Bundesstaaten ebenfalls ständig in Bewegung sind. Hawaii liegt auf dem sogenannten Pazifischen Platten, das sich langsam nach Nordwesten in Richtung Alaska bewegt. Diese tektonischen Platten bewegen sich in der gleichen Geschwindigkeit, mit der unsere Fingernägel wachsen. Also, wenn deine Fingernägel wachsen, kannst du sicher sagen, dass Hawaii ein kleines Stück näher an Alaska gerückt ist. Vielleicht werden wir in 1000 Jahren von Hawaii nach Alaska laufen!

3. Der Kilauea ist der aktivste Vulkan der Welt.

Hier ist ein weiterer interessanter Fakt über Hawaii: Es beherbergt den aktivsten Vulkan der Welt, den Mount Kilauea. Kilauea bedeutet

tatsächlich "viel Ausbreitung" oder "aufsteigende Rauchwolke" auf Hawaiisch! Der Boden des Vulkans war mit Lava gefüllt und ist in der Vergangenheit mehrmals eingebrochen, wodurch der sogenannte Halema'uma'u-Krater entstanden ist, der die aktivste Öffnung für die Hitze und austretende Lava darstellt. Der Legende nach ist Halema'uma'u die Heimat von Pele, der hawaiianischen Göttin des Feuers. Sie muss sehr beschäftigt sein, denn der Mount Kilauea bricht ziemlich oft aus! Es handelt sich jedoch nicht um die Art von Ausbruch, die du im Fernsehen siehst. Es gibt keine heiße Lava, die die Seiten des Berges hinunterfließt, obwohl es ziemlich cool wäre, das zu sehen (obwohl es nicht gut wäre, da in der Nähe zu sein!). Stattdessen fließt die Lava in Halema'uma'u und bildet einen Lavasee im Krater. 1955 brach der Vulkan jedoch aus, begleitet von mehreren Erdbeben, und die Lava floss über die Seiten des Berges und zerstörte sechs Quadratmeilen Farmland. Du möchtest nicht im Urlaub in Hawaii sein, wenn Kilauea ausbricht!

4. Auf den Philippinen gibt es eine Insel in einem See, auf einer Insel in einem See, auf einer Insel.

Dieser Fakt ist ein richtiger Zungenbrecher. Lies das laut für dich selbst. Es gibt eine Insel in einem See, auf einer Insel in einem See . . . auf einer Insel. Ergibt das Sinn? Wie ist das überhaupt möglich? Seltsamerweise ist es wahr! Der Taal-See liegt auf einer Insel namens Luzon im Norden der Philippinen. Das ist also ein See auf einer Insel. Jetzt, in der Mitte des Taal-Sees, gibt es eine kleine Insel namens Volcano Island, und auf Volcano Island gibt es einen See namens Crater Lake, der ebenfalls eine Insel in der Mitte namens Vulcan Point hat. Lass uns das klarstellen; es gibt einen See auf einer Insel, und der See hat eine Insel, die auch einen See hat, der ebenfalls eine Insel hat. Ergibt das Sinn? Dieses Phänomen hat auch in Kanada aufgetreten, wo es Seen auf einer Insel gibt und Inseln in diesen Seen. Das ist so verwirrend!

5. Die Antarktis ist eine Wüste.

Was macht eine Wüste zur Wüste? Gibt es dort Sand und Kaktus? Ist es trocken und gibt es sehr wenig Regen? Es ist richtig, an eine Wüste als eine karge Einöde mit sandigen Hügeln zu denken, denn so sind die meisten Wüsten! Allerdings qualifiziert sich die Antarktis ebenfalls als Wüste. Tatsächlich ist sie die größte Wüste der Welt! Eine Wüste wird definiert als ein Gebiet mit sehr wenig Regen und Schnee, ohne flüssiges Wasser auf dem Boden und sehr geringen Mengen an Pflanzen- und Tierleben. Du magst denken, 'Aber die Antarktis ist gefroren! Es muss Wasser geben, das gefriert!' Und du hättest recht! Die Antarktis hat eine Menge Wasser, aber es ist in Form von Eis, das nie schmilzt, nicht einmal im Sommer. Und es gibt keine Wasserdampf oder Luftfeuchtigkeit in der Atmosphäre, da die Kälte alles einfriert. Es ist tatsächlich der trockenste Kontinent der Welt! Wusstest du, dass eine Wüste auch kalt sein kann? Und eine kalte Wüste ist genauso gefährlich wie eine heiße. Wenn also jemand die Antarktis besucht, besucht er technisch gesehen eine Wüste! Bedeutet das, dass Pinguine Wüstentiere sind? Ich denke schon!

6. Unter dem Yellowstone-Nationalpark gibt es einen Supervulkan.

Es gibt Vulkane und dann gibt es Supervulkane. Was macht einen Supervulkan "super"? Das hängt alles von dieser wunderbaren Sache namens "Volcano Explosivity Index" ab, was ein ziemlich cooler Name ist. Der Volcano Explosivity Index bewertet die Größe und die Gefährlichkeit von Vulkanausbrüchen, und wenn ein Vulkan auf der Indexskala eine 8 erreicht, wird er als Supervulkan klassifiziert. Das sind also wirklich große Vulkane, die eine Menge Lava ausstoßen können. Das klingt ziemlich gefährlich, um sich in ihrer Nähe aufzuhalten, aber tatsächlich gibt es einen Supervulkan in einem der am meisten besuchten Nationalparks der Vereinigten Staaten! Der Yellowstone-Nationalpark ist die Heimat von Caldera, einem riesigen Vulkan, der sich über zwei Bundesstaaten erstreckt und so groß ist wie Rhode Island. Die Lava versorgt die Geysire und heißen Quellen des Yellowstone, was alles dampfig und warm innerhalb des Nationalparks macht. Während Caldera ein aktiver Vulkan ist, glauben Wissenschaftler nicht, dass er in absehbarer Zeit ausbrechen wird, also kannst du zukünftige Urlaubspläne machen!

7. In Kentucky gibt es mehr Höhlen als irgendwo sonst auf der Welt.

Wusstest du, dass Kentucky den Weltrekord für das längste Höhlensystem hält, das dem Menschen bekannt ist? Unter den Füßen der Bürger von Kentucky gibt es ein Labyrinth namens die Mammoth-Höhlen. Vierhundert Meilen der Mammoth-Höhlen wurden erforscht, aber das Nationalparksystem schätzt, dass es tatsächlich 600 Meilen gibt, was etwa 200 Meilen unerforschter Höhlen hinterlässt! Einige Leute sagen, dass bereits alles auf der Erde entdeckt wurde, aber das trifft offensichtlich nicht auf die Mammoth-Höhlen zu. Möchtest du den Rest der Mammoth-Höhlen erkunden? Wenn ja, bring eine Taschenlampe mit, denn es kann wirklich dunkel werden! Tatsächlich gibt es eine Fischart, die sich so sehr an die Dunkelheit gewöhnt hat, dass sie sich so angepasst hat, dass sie keine Augen mehr hat. Das stimmt, es gibt einen Fisch namens der Augenlose-Höhlenfisch und er ist

rechtlich blind! Lass also nicht diesen Höhlenfisch Auto fahren. Die Mammoth-Höhlen werden oft wie eine Zeitkapsel betrachtet, da sie rund 5000 Jahre menschliche Geschichte bewahren! Könntest du dir vorstellen, durch dasselbe Höhlensystem zu gehen, das die ersten Amerikaner vor so langer Zeit genutzt haben?

8. Es kann in der Sahara-Wüste schneien.

Die Sahara-Wüste ist wirklich heiß, und du weißt wahrscheinlich, dass es in heißen Gegenden normalerweise nicht schneit. Und wie wir über die Antarktis erfahren haben, gibt es in der Wüste keine Feuchtigkeit, nicht einmal in der Luft. Schnee benötigt Feuchtigkeit und niedrige Temperaturen, um sich zu bilden, also wie kann es in einem der heißesten Orte auf der Erde überhaupt schneien? Es ist sicher seltsam zu sehen, aber nicht unmöglich. Wüsten werden tatsächlich nachts sehr kalt und erreichen Temperaturen um etwa minus 15 Grad Celsius. Die Wüste ist von Ozeanen, Meeren und Bergen umgeben. Feuchtigkeit in der Luft aus diesen Quellen friert in der Luft ein, wenn es kalt genug ist,

und fällt an die Ränder der Wüste. Nachts, wenn der Sand kalt ist, kann Schnee tatsächlich eine Weile auf dem Boden bleiben. Also, wenn du die bergigen Gebiete der Sahara-Wüste besuchst, findest du vielleicht Schnee auf dem roten Sand!

9. Der vollständige Name von Bangkok hat 163 Buchstaben.

Bangkok ist die Hauptstadt Thailands und bekannt für ihr lebhaftes Straßenleben und viele Tempel. Aber was viele vielleicht nicht wissen, ist, dass Bangkok nicht der eigentliche Name der Stadt ist; das ist nur der Spitzname! Hast du einen Spitznamen? Wenn ja, teilst du diese Eigenschaft mit dieser großen Stadt in Thailand. Möchtest du den richtigen Namen von Bangkok wissen? Er lautet Krung Thep Mahanakhon Amon Rattanakosin Mahinthara Yuthaya Mahadilok Phop Noppharat Ratchathani Burirom Udomratchaniwet Mahasathan Amon Piman Awatan Sathit Sakkathattiya Witsanukam Prasit. Versuche das laut zu lesen! Wenn du jemals Thailand besuchst, kannst du die Einheimischen

beeindrucken, indem du den wahren Namen ihrer Hauptstadt kennst.

10. Der Marianengraben ist der tiefste Punkt auf der Erde.

Wusstest du, dass der tiefste, dunkelste Ort der Welt unter dem Pazifischen Ozean liegt? Er heißt der Marianengraben, und er ist 10.994 Meter tief - das sind fast sieben Meilen. Wenn der Mount Everest am Boden des Marianengrabens läge, würde der Gipfel des Berges immer noch 2.133 Meter unter dem Meeresspiegel liegen. Das ist wirklich tief! Nur zwei Menschen in der Geschichte haben jemals den Boden des Marianengrabens erreicht, und das waren Jacques Piccard und der Marineleutnant Don Walsh. Vor fünfzig Jahren stiegen diese beiden Männer in ein U-Boot der US-Marine und fuhren zum Boden des tiefsten Teils des Grabens. Aber weil es unten so trüb war, konnten sie keine Bilder machen! Es ist dokumentiert, dass sie einen flach aussehenden Fisch um ihr U-Boot herumschwimmen sahen. Aber Wissenschaftler

wissen immer noch sehr wenig über das, was in den tiefsten Tiefen dieser außergewöhnlichen Welt existiert. Wenn du zum Meeresboden tauchst, steigt der Druck des Wassers und der Atmosphäre unter unerträgliche Bedingungen. Deshalb benötigen wir spezielle Instrumente, um den Meeresboden zu erforschen! Einige Wissenschaftler glauben, dass nicht einmal Tiere auf dem Meeresboden aufgrund des hohen Drucks leben könnten. Andere sind sich nicht so sicher. Es könnte unentdeckte Fische im Marianengraben geben! Und die Umwelt des Grabens ist ebenfalls seltsam. Der Marianengraben hat mehrere merkwürdige Unterwasservulkane. Wusstest du, dass Vulkane unter Wasser sein können? Sie speien heiße Flüssigkeit bei etwa 103 Grad Celsius, und ein Vulkan hat sogar einen Pool aus geschmolzenem Schwefel, was man sonst nirgendwo auf dem Planeten sieht. Möchtest du den Graben eines Tages erforschen? Vielleicht kannst du ein U-Boot bauen und der nächste Mensch sein, der den Grund erreicht!

Unsere Geschichte

1. Gabeln galten einst als beleidigend.

Gabeln sind ein fester Bestandteil unseres täglichen Lebens, daher denken wir nicht viel darüber nach. Aber im Italien des 11. Jahrhunderts galten Gabeln als skandalös und gotteslästerlich, was ein Wort für etwas Beleidigendes für Kultur, Götter und Traditionen bedeutet. Die ersten Gabeln sahen nicht so aus wie die, die wir heute haben. Sie hatten nur zwei Zinken und einen groben Griff. Außerdem waren sie unglaublich teuer. Nicht jede Familie hatte Gabeln; tatsächlich aßen die meisten Menschen mit den Händen. Einige Menschen wollten überhaupt keine Gabeln! Im 11. Jahrhundert argumentierte die Kirche, dass Gott den Menschen Finger gegeben hat, damit sie Essen berühren und essen können. Daher wurde die Verwendung einer Gabel als beleidigend angesehen. Etwa hundert Jahre lang waren alle schockiert über die Verwendung von Gabeln beim Abendessen, aber wohlhabende Familien begannen

trotz der Missbilligung der Kirche allmählich, sie zu verwenden. Es wird gemunkelt, dass Adlige tatsächlich Gabeln für Duelle verwendet haben, aber das wurde nie bewiesen. Wenn du heute Abend zu Abend isst, denke an die lange und umstrittene Geschichte der Gabel.

2. Ketchup wurde früher als Medizin verkauft.

Würdest du Ketchup wegen seiner Vorteile für deine Gesundheit essen? Wahrscheinlich nicht! Aber im 19. Jahrhundert war das genau das, was die Menschen taten. Ketchup in den 1800er Jahren unterschied sich erheblich von dem, was wir heute als Ketchup kennen. Tatsächlich wurde es entweder mit Fisch oder Pilzen hergestellt. Im Jahr 1834 fügte Dr. John Cooke Bennet Tomaten zu einer Ketchup-Mischung hinzu, die es näher an das brachte, was wir heute als Ketchup kennen. Er behauptete, dass sein Ketchup Magenverstimmungen und andere schwerwiegende Krankheiten heilen könne. Er stellte sogar jemanden ein, der sein Ketchup-Rezept in

Pillenform herstellte! Natürlich konnte Ketchup keine dieser Krankheiten heilen, und schließlich brach die auf Ketchup basierende Medizinindustrie im Jahr 1850 zusammen. Die Moral von der Geschichtesagt uns: Ketchup ist nicht viel wert als Medizin - aber auf Pommes ist es großartig.

3. Der kürzeste Krieg in der Geschichte dauerte gerade einmal 40 Minuten.

Am 27. August 1896 begannen fünf Schiffe der Royal British Navy, den königlichen Palast im Land Zanzibar anzugreifen. Sie taten dies, weil der Sultan - oder König - von Zanzibar gestorben war und sein Neffe den Thron bestiegen hatte. Die Briten hielten ihn für zu unabhängig und fürchteten um ihren Einfluss im Land. Sie segelten nach Zanzibar und gaben dem neuen Sultan die Wahl: Er konnte sich ergeben oder angegriffen werden. Nach einer Stunde des Wartens hatte der neue Sultan nicht mit einer Entscheidung reagiert, daher begann die Royal British Navy mit dem Angriff! Der Palast wurde zerstört und der Sultan floh. Nach 40 Minuten

Krieg wurde die weiße Flagge gehisst, und Zanzibar kapitulierte vor der Royal British Navy. Dies war der kürzeste Krieg in der Geschichte, oft als der Anglo-Zanzibar-Krieg von 1896 bezeichnet. Wünschst du dir nicht, dass alle Kriege so kurz wären?

4. Thomas Edison hat die Glühbirne gar nicht erfunden.

Thomas Edison wird normalerweise als der Mann angesehen, der die Glühbirne erfunden hat, aber ist das wirklich wahr? Nein, ist es nicht! Er hat zur Erfindung der Glühbirne beigetragen, aber es gab viele Erfinder, Ingenieure und Wissenschaftler, die an der praktischen Nutzung von Elektrizität arbeiteten. Im Jahr 1800 entwickelte der italienische Erfinder Alessandro Volta eine Möglichkeit, Elektrizität mit einer Erfindung aus Pappe, Salzwasser, Kupfer und Zink zu erzeugen. Diese Erfindung gilt eher als Batterie, konnte aber auch Beleuchtung erzeugen! Kurz nachdem Volta seine Erfindung der Welt vorgestellt hatte, begannen andere Erfinder, mit Elektrizität zu experimentieren. Ein Mann namens

Humphrey Davy erfand die weltweit erste elektrische Lampe! Diese Lampe leuchtete hell, genau wie die Lampen, die wir heute kennen. Leider brannte sie schnell aus und konnte nicht in Haushalten verwendet werden. Es war der englische Chemiker Joseph Swan, der schließlich eine Glühbirne entwickelte, die effektiv funktionierte. Alles, was Thomas Edison tat, war, einen Teil der Glühbirne anzupassen, um ihre Funktion zu verbessern, sodass sie häufiger in Haushalten verwendet werden konnte. Joseph Swan akzeptierte Edisons Änderungen und gründete ein Glühbirnenunternehmen, gegen das Edison dann wegen Patentverletzung klagte - ein Patent beweist rechtlich, dass man etwas erfunden hat, während eine Verletzung den Akt des Diebstahls einer Idee einer anderen Person darstellt. Schließlich legten die beiden Männer ihre Differenzen beiseite und gründeten ein gemeinsames Unternehmen unter beiden Namen.

5. Ananas waren einst ein Statussymbol.

Es ist leicht zu erkennen, wenn jemand einen hohen Status hat. Sie tragen möglicherweise schicke Kleidung, haben ein großes Haus oder fahren ein schickes Auto. Das galt auch für die Engländer im 18. Jahrhundert, doch sie zeigten ihren Status mit etwas anderem, etwas, das wir nicht erwarten würden: der Ananas! Diese große, schuppige Frucht wurde auf Tischen platziert, in der Hoffnung, Gäste zu beeindrucken, die sie sahen. Die Leute trugen Ananas unter dem Arm wie Handtaschen und stellten sogar Leibwächter ein, um sicherzustellen, dass niemand sie stahl. Niemand aß diese Ananas, denn sie waren zu teuer und zu kostbar zum Essen. Stattdessen nahmen die Leute sie mit zu Partys und Veranstaltungen, bis sie schließlich verrotteten. Du könntest sogar eine Ananas für eine Party mieten, wenn du möchtest! In den 1770er Jahren wurde der Ausdruck "Eine Ananas von feinster Güte" verwendet, um etwas zu beschreiben, das das Beste vom Besten ist. Warum gab es all diesen Wirbel um eine Frucht? Es lag daran, dass die Ananas den Menschen in England unbekannt war. Sie konnten der Frucht eine Bedeutung zuweisen, und genau das haben sie getan. Außerdem war es recht teuer, sie aus ihren Herkunftsländern nach England importieren zu lassen, sodass nur die Reichen sie kaufen oder mieten konnten. Könntest du dir vorstellen, eine Frucht zu mieten oder sie ständig bei dir zu tragen, um sie deinen Freunden zu zeigen? Ich würde sie lieber essen!

6. Paul Revere hat tatsächlich nie gerufen: "Die Briten kommen!"

Du solltest die Geschichte von Paul Revere kennen, der angeblich durch die Städte Concord und Lexington geritten ist und "Die Briten kommen!" gerufen hat. Aber diese Geschichte ist überhaupt nicht wahr! Paul Revere ist tatsächlich nicht durch die Straßen von Concord geritten und hat nicht einmal Concord erreicht. Stattdessen ritt er mit zwei anderen Männern, und nur einer von ihnen schaffte es, nach Concord zu gelangen, um den Alarm über die britische Invasion auszulösen. Und er hat sicherlich nicht gerufen. Stattdessen warnte er leise die Städte davor, dass britische Truppen auf

dem Land versteckt waren, und er sagte nicht einmal "Die Briten kommen", weil die Menschen zu dieser Zeit sich immer noch als Briten betrachteten. Was er den Stadtbewohnern leise sagte, war: "Die Regulars kommen", was ein Wort war, das britische Soldaten beschrieb. Stelle sicher, deinen Freunden und Lehrern die wahre Geschichte von Paul Revere zu erzählen!

7. Die alten Ägypter benutzten Steine als Kissen.

Magst du es, ein Kissen zu haben? Die meisten Menschen schätzen ihr Kissen, da es so bequem ist, und die Menschheit verwendet sie jetzt seit etwa 2.000 Jahren. Die alten Ägypter waren jedoch anders. Sie verwendeten das, was sie einen Kopfstütze nannten. Sie war aus Stein mit einem geschnitzten Abschnitt, auf dem der Kopf liegen sollte. Sie hatten diese Kopfstützen, weil ihre Betten nahe am Boden waren, und sie fürchteten, dass Insekten in ihre Ohren kriechen würden. Igitt! Die Kopfstütze bedeckte ihre Ohren und verhinderte,

dass dies passierte. Vielleicht waren sie gar keine so schlechte Idee.

8. Napoleon wurde einmal von einer Gruppe Kaninchen angegriffen.

Wir alle neigen dazu, Napoleon Bonaparte als gefürchteten Militärgeneral zu betrachten; jedoch fand seine härteste Schlacht an einem friedlichen Jagdtag statt. Einer von Napoleons Männern organisierte die Jagd, indem er mehr als 3.000 Kaninchen von örtlichen Bauern kaufte. Er wollte Napoleon beeindrucken und sich in dessen Gunst bringen. Aber sobald die Kaninchenkäfige geöffnet wurden, liefen die Hasen auf Napoleon und seine Männer zu. Der Mann, der die Jagd organisiert hatte, hatte Kaninchen gekauft, die keine Angst vor Menschen hatten! Sie dachten, Napoleon würde sie füttern, also stürmten sie auf die Jäger zu, ähnlich wie Napoleon Krieg führte. Die Männer fielen hin und schrien! Was ist die Lehre aus dieser Geschichte? Unterschätze keinen hungrigen Hasen!

9. George Washington hatte keine Holzzähne.

Du hast das Gerücht gehört, dass der erste Präsident der Vereinigten Staaten Holzzähne hatte, oder? Während es wahr ist, dass er Gebisse - künstliche Zähne - hatte, waren sie nicht aus Holz! Als George Washington Präsident wurde, hatte er nur noch einen Zahn! Anscheinend hatte er einen schrecklichen Zahnarzt. Es wird gesagt, dass der Mythos der Holzzähne entstand, weil das Elfenbein und die Stoßzähne, aus denen seine Zähne gemacht waren, rissen und kleine Linien bildeten. Und da George gerne dunklen Rotwein trank, wurden seine Zähne schließlich rötlich braun gefärbt. Das, zusammen mit den Rissen in seinen Zähnen, sah fast aus wie Holz.

10. Truthähne wurden einmal verehrt.

Der Truthahn erinnert uns immer an Thanksgiving! Normalerweise sehen wir Truthahn nur auf dem Tisch mit viel leckerer Füllung, aber so wurden sie nicht immer betrachtet. Um 300

v. Chr. wurden Truthähne wie Maya als Abbilder der Götter betrachtet. Sie wurden gehalten, um an religiösen Zeremonien teilzunehmen und galten als Symbole der Macht. Dies lag an ihrer Majestät und ihren hübsch gefärbten Federn. Jetzt verehren wir Truthahn sehr unterschiedlich: mit Gabeln und Messern! Das ist auf jeden Fall leckerer!

Fazit

Siehst du jetzt, wie spannend und spaßig Lernen sein kann? Du hast etwas über Tiere, die Natur, die Wissenschaft, deinen eigenen Körper, den Weltraum, Sport und die Geschichte der Welt gelernt! Dein Gehirn ist jetzt so voller Informationen! Welche waren deine Lieblingsfakten? Hat es dir gefallen, etwas über neue Erfindungen und die Zukunft der Technologie zu erfahren? Oder hast du es genossen, etwas über Sport zu hören? War es nicht interessant zu erfahren, wozu unser Körper alles fähig ist? Und war es nicht cool, etwas über die Geografie der Welt zu lernen?

Teile alle deine Lieblingsfakten mit deinen Freunden und deiner Familie alle deine Lieblingsfakten; behalte dieses Wissen nicht für dich! Es gibt so viele Dinge in der Welt zu lernen, also höre niemals auf, zu suchen!

Es ist jetzt an der Zeit, dein neues Wissen auf die Probe zu stellen! Glaubst du, du erinnerst dich an alles, was du gelesen hast? Lass uns mal schauen.

Blätter nicht zurück um nach den Antworten zu suchen, versuche, dich selbst daran zu erinnern!

1. Was ist die härteste natürliche Substanz?

    a. Stahl

    b. Knochen

    c. Eisen

    d. Diamanten

2. Was hat Nintendo verkauft, bevor sie Video-spiele verkauft haben?

    a. Essen

    b. Sammelkarten

    c. Puppen

    d. Handys

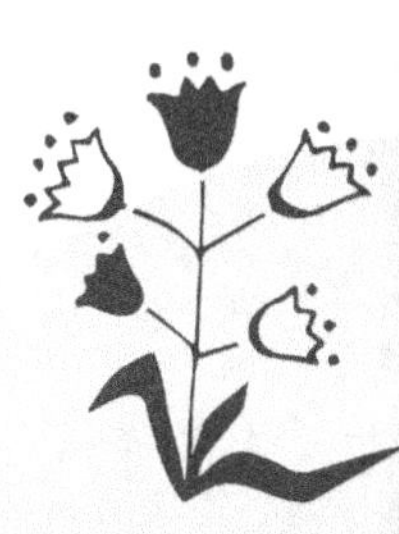

3. Wie werden Regenbogen in der Nacht genannt?

    a. Mondscheinbogen

    b. Dunkle Regenbogen

    c. Nachtregenbogen

    d. Schwarzregenbogen

4. Welche sind die am schnellsten wachsenden Knochen, die dem Menschen bekannt sind?

    a. Menschliche Knochen

    b. Haiknochen

    c. Alligatorknochen

    d. Hirschgeweihe

5. Was ist das nächste lebende Verwandte des T-Rex?

    a. Menschen

    b. Eidechsen

    c. Hühner

    d. Tauben

6. Welche Farben können Hunde sehen?

    a. Rot

    b. Türkis

    c. Orange

    d. Keine von den oben genannten

7. Wie heißt der größte Roboter der Welt?

    a. Tradinno

    b. Drache

    c. Shrek

    d. Mary

8. Warum sind Wolken weiß?

    a. Weil sie die Sonne reflektieren

    b. Weil sie weiß sind

    c. Weil sie so bemalt sind

    d. Keines von den oben genannten

9. Welche ist eine fleischfressende Pflanze?

    a. Stiefmütterchen

    b. Rosen

    c. Cobra-Pflanze

    d. Schlangenpflanze

10. Welche Farbe hat flüssiger oder fester Sauerstoff?

    a. Rot

    b. Gelb

    c. Braun

    d. Blau

11. Wie heißt die größte Pizza der Welt?

    a. Ottavia

    b. Cleopatra

    c. Octavious

    d. Caesa

12. Wer ist der größte Mann aller Zeiten?

    a. Robert Wadlow

    b. Ben Affleck

    c. Sultan Kosen

    d. Richard Kiel

13. Wie viele Gerüche kann unsere Nase erkennen?

    a. Eine Million

    b. Hundert

    c. Eine Billion

    d. Eine Milliarde

14. Was ist Ohrenschmalz?

    a. Eklig

    b. Eine Art von Schweiß

    c. Eine Art von Schnupfen

    d. Wachs

15. Wie viele Knochen haben erwachsene Menschen?

    a. 302

    b. 200

c. 206

d. 207

16. Welche Spezies wurden als erste ins All geschickt?

    a. Affen

    b. Marienkäfer

    c. Menschen

    d. Fruchtfliegen

17. Warum werden die Reifenspuren auf dem Mond niemals verschwinden?

    a. Weil sie dort festgeklebt sind

    b. Weil es keinen Wind oder Regen gibt, um sie wegzuspülen

    c. Weil die Oberfläche des Mondes wie Beton ist

    d. Keines von den oben genannten

18. Welcher Planet dreht sich seitlich?

    a. Uranus

    b. Neptun

    c. Venus

    d. Jupiter

19. Woraus bestanden die ersten Baseball-Trikots?

    a. Plastik

    b. Baumwolle

    c. Wolle

    d. Garn

20. Was trug Babe Ruth unter seiner Mütze?

    a. Ein Kohlblatt

    b. Ein feuchtes Handtuch

    c. Ein Pflaster

    d. Keines von den oben genannten

21. Was bedeutet "Kilauea"?

    a. "Wolke des Aufstiegs"

    b. "Großer Vulkan"

    c. "Ausbreitung"

    d. "Lavamacher"

22. Wie heißt das größte bekannte Höhlensystem der Welt?

    a. Kentucky

    b. Mammut-Höhlen

    c. Yellowstone

    d. Keines von den oben genannten

23. Wie tief ist der Marianengraben?

    a. 36,201 ft

    b. 37,201 ft

    c. 40,000 ft

    d. 38,459 ft

24. Wer kämpfte im kürzesten Krieg der Welt?

    a. Die britische Royal Navy und die Vereinigten Staaten

    b. Sansibar und Spanien

    c. Die britische Royal Navy und Spanien

    d. Sansibar und die britische Royal Navy

25. Was hat Paul Revere tatsächlich gesagt?

    a. "Die Briten kommen!"

    b. "Die regulären Truppen kommen!"

    c. "Lauf weg!"

    d. "Der Feind kommt!"

26. Woraus waren George Washingtons Zähne gemacht?

    a. Elfenbein und Stoßzahn

    b. Elfenbein und Holz

    c. Holz und Metall

    d. Gold und Stoßzahn

27. Was war früher eine olympische Sportart?

    a. Tauziehen

    b. Esswettbewerbe

    c. Hula-Hooping

    d. Singen

28. Wie weit ist Russland von Alaska entfernt?

    a. ca. 8 Kilometer

    b. ca. 6 Kilometer

    c. ca. 1 Kilometer

    d. ca. 3 Kilometer

29. Was ist der höchste Vulkan, der dem Menschen bekannt ist?

    a. Mount Kilauea

    b. Olymp

    c. Supervulkan von Yellowstone

    d. Vesuv

30. Welcher Sport wurde auf dem Mond gespielt?

    a. Golf

    b. Baseball

    c. Tennis

    d. Leichtathletik

Glossar großer Wörter

A.

- annähernd: zeigt an, dass etwas fast, aber nicht vollständig genau ist
- auswickeln: etwas Kräuseliges glätten

B.

- Bindegewebe: Gewebe, das verbindet
- Beitrag: etwas geben
- Bevölkerung: die Anzahl der Menschen in einem Gebiet
- Beziehung: wie Dinge miteinander in Verbindung stehen

C.

- Cartilage: flexibles Gewebe, das sich in unseren Körpern befindet
- Coole Sache: eine interessante oder beeindruckende Sache

D.

- Dampf: eine gasförmige Substanz in der Luft
- Dichromatische Sicht: teilweise Farbenblindheit im Auge
- Dimples: eine kleine Delle in etwas
- Dinosaurier: große, ausgestorbene Echsen, die vor langer Zeit lebten
- DNS: ein Material, das in fast allem Lebendigen vorkommt, der Träger genetischer Informationen

E.

- Emaillierung: etwas, das die Außenseite eines Objekts beschichtet
- Exzentrisch: seltsam oder unregelmäßig
- Eruption: eine große Explosion
- Einheimisch: ursprünglich gehörend zu einem Ort

F.

- Flugzeug: ein Gerät, das fliegen kann
- Fraktale: komplexe Muster, die sich wiederholen und in verschiedenen Größen vorkommen

G.

- Genetisches Material: eine Gruppe von DNS

- Genom: die vollständige Reihe von Genen oder genetischem Material in einer Zelle oder einem Organismus

- Gewohnt: definiert als etwas, das üblich oder regelmäßig ist

- Geysir: eine heiße Quelle, aus der Wasser kocht und aus dem Boden aufsteigt

- Glutenfrei: ein Nahrungsmittel oder eine Ernährung, die kein Gluten enthält

H.

- Häuten: wenn etwas abfällt und durch etwas Neues ersetzt wird

- Humor: Dinge, die dich zum Lachen bringen

I.

- Industrie: harte Arbeit oder der Prozess des Verkaufs und der Produktion von Materialien für die Welt

- Informationsflut: eine große Menge an Informationen, die auf dich einströmt

J.

- Joystick: ein kleiner Hebel, der Dinge steuert

K.

- Knorpel: flexibles Gewebe, das sich in unseren Körpern befindet
- Koordination: zusammenarbeiten
- Krümel: kleine Stücke von etwas
- Kultur: die Art und Weise, wie Menschen leben und sich ausdrücken

L.

- Laparoskopisch: eine Operation, die mit Hilfe einer Kamera durchgeführt wird
- Leben: das, was Pflanzen und Tiere tun
- Leistung: die Handlung des Tuns
- Liebe: ein starkes Gefühl der Zuneigung
- Luftstrom: der Fluss von Luft

M.

- Musik: Klänge, die Melodien ergeben

- Mythos: Geschichten, die oft fantastisch sind und erklären, wie die Welt ist

N.

- Nacht: die Zeit, in der die Sonne untergeht und es dunkel wird
- Nahrungsmittel: Dinge, die du isst, um zu überleben

O.

- Orbit: der Pfad, den etwas einschlägt, wenn es sich um ein größeres Objekt bewegt
- Ordnung: die Art und Weise, wie Dinge angeordnet sind
- Organisation: eine Gruppe von Menschen, die zusammenarbeiten
- Original: das erste oder ursprüngliche Exemplar von etwas

P.

- Phänomen: etwas Seltsames oder Seltenes, das passiert
- Polyethylenterephthalat: ein üblicher Bestandteil von Kunststoff

- Population: die Anzahl der Menschen in einem Gebiet

- Programm: eine Gruppe von verwandten Aktivitäten oder Software auf einem Computer

- Programmierer: jemand, der Dinge auf dem Computer erstellt

R.

- Reflektieren: auf etwas zurückschauen oder ein anderes Bild davon an anderer Stelle sehen

- Regenbogen: farbenfrohe Bögen am Himmel

- Regierung: die Menschen, die ein Land leiten

S.

- Sakrileg: die Beteiligung oder Begehung von etwas Falschem gegenüber einem heiligen Objekt

- Schuppen: kleine Haut- oder Knochenplatten, die die Außenseite von etwas schützen

- Schwerkraft: die Kraft, die dich auf die Erde zieht

- Skandalös: etwas, das aufgrund seiner Beleidigung Unbehagen oder Empörung verursacht

- Sonne: der Stern, um den die Erde kreist

- Spiel: eine Aktivität, die dir Freude macht

- Sprache: Worte, die Menschen verwenden, um miteinander zu kommunizieren

- Souvenir: etwas aus einem anderen Ort oder einer anderen Zeit, das du mitnimmst

- Spektrum: ein Band von Farben, das durch verschiedene Grade von Lichtkomponenten erzeugt wird

- Struktur: die Anordnung von etwas

T.

- Tint: ein Farbton oder eine Varietät von Farbe

- Tonsillen: kleine Stücke von Fleisch in deinem Hals, die Infektionen bekämpfen

- Ton: das, was du hörst

- Transformation: wenn etwas sich in etwas anderes verwandelt

- Transport: die Bewegung von Menschen und Dingen von einem Ort zum anderen

U.

- Überwachung: etwas beobachten

- Unterstützung: Hilfe

- Unterschätzen: von etwas denken, dass es kleiner oder schwächer ist, als es tatsächlich ist

V.

- Vakuum: ein Raum ohne Luft oder Materie
- Vogel: ein fliegendes Tier
- Virus: eine Krankheit oder ein Computerprogramm, das sich wie eine Krankheit verbreitet
- Vulkanausbruch: wenn ein Vulkan Lava und Asche ausstößt

W.

- Winkel: der Raum, in dem sich zwei Linien oder Flächen treffen

Z.

- Zeremonie: eine formelle Veranstaltung oder Prozedur

Richtige Antworten

1. b	2. d	3. a	4. d
5. c	6. d	7. a	8. a
9. c	10. d	11. a	12. a
13. c	14. b	15. c	16. d
17. b	18. a	19. c	20. a
21. a	22. b	23. a	24. d
25. b	26. a	27. a	28. d
29. b	30. a		

Bonus-Inhalt
Unsere Geschenke für dich

Abonniere unseren Newsletter und erhalte diese kostenlosen Extras:

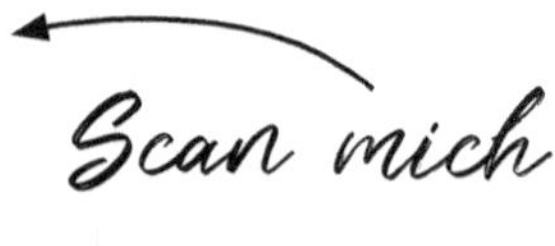

www.specialartbooks.com/free-materials/

Folge uns auf:

Instagram: @specialart_coloring
Facebook: Special Art Kids Entertainment
Web: www.specialartbooks.com

Impressum

Für Fragen, Feedback und Vorschläge: support@specialartbooks.com

Brice Brant , Special Art
Copyright © 2024

www.specialartbooks.com

Bilder © Shutterstock

Titelbild von Maria Francesca Perifano

100 UNGLAUBLICHE FAKTEN FÜR NEUGIERIGE KINDER

Eine Sammlung verblüffender Kuriositäten, die wissbegierige Kinder unbedingt kennen sollten!

Wissen ist Macht, aber nicht nur das! Wissen macht auch Spaß! Wenn du dich schon immer gefragt hast, warum der Himmel blau ist, woraus Wolken bestehen oder warum Schlangen mit offenen Augen schlafen, dann ist dies das richtige Buch für dich. Mach dich bereit, ein Experte für seltsame, verrückte und erstaunliche Dinge zu werden!

Weißt du, welche Farbe ein Eisbär wirklich hat? Oder dass die Augen eines Straußes größer sind als sein Gehirn? Dieses Buch führt dich durch die faszinierende Welt um dich herum und ist, voller Informationen über Tiere, Wissenschaft, Geschichte und den menschlichen Körper. Verblüffe deine Familie und Freunde mit neuem Wissen.

Erforsche die Wunder unseres Universums, unsere reiche Geschichte und die faszinierende Funktionsweise des menschlichen Körpers und lass deine Freunde und sogar deine Lehrer sprachlos werden, wenn du ihnen die aufregenden neuen Entdeckung über unseren unglaublichen Planeten erzählst.

Bist du bereit für eine fantastische und aufschlussreiche Reise des Lernens? Dieses Buch wird deinen Horizont mit vielen interessanten Fakten erweitern, die deine Intelligenz anregen werden! Lass uns gemeinsam auf diese außergewöhnliche Reise gehen!

Special Art Learning

ISBN 979-12-5553-042-8

9 791255 530428

INSTRUCTIONS

SUR LE

MONTAGE ET LE RÉGLAGE

DES

Moteurs "LE RHONE"

Type C. 80 HP.

Type J. 110 HP.